열정력

젊은 구글러가
세상에 던지는
열정력

김 태 원 지음

21세기북스
www.book21.com

대한민국 청춘,
이제 열정력으로 거듭나라!

청춘 : 새싹이 파랗게 돋아나는 봄철이라는 뜻으로, 십 대 후반에서 이십 대에 걸치는 인생의 젊은

　　　나이 또는 그런 시절을 이르는 말.

　다시 어김없이 봄은 우리 곁에 찾아왔습니다. 새해가 벌써 꽃을 피우기 시작했으니 사전의 정의를 따른다면 이제 수많은 사람들이 청춘이라는 이름이 어울리는 나이가 되었고, 또 수많은 사람들이 청춘이라는 말을 추억하는 나이가 되었을 겁니다.

청춘

사무엘 울만

청춘이란
인생의 어느 기간을 말하는 것이 아니라 마음의 상태를 말한다.
그것은 장미빛 뺨, 앵두 같은 입술, 하늘거리는 자태가 아니라
강인한 의지, 풍부한 상상력, 불타는 열정을 말한다.

청춘이란
인생의 깊은 샘물에서 오는 신선한 정신, 유약함을 물리치는 용기,
안이를 뿌리치는 모험심을 의미한다.
때로는 이십의 청년보다 육십이 된 사람에게 청춘이 있다.
나이를 먹는다고 해서 우리가 늙는 것은 아니다.
이상을 잃어버릴 때 비로소 늙는 것이다.

─이하 생략─

하지만 사무엘 울만(독일 출신 시인)은 '청춘은 인생의 어느 기간이 아니라 마음의 상태'를 말한다고 하네요. 지금 여러분의 마음은 청춘인가요? 청춘을 만끽하기 위해 여러분의 열정은 움직이고 있나요? 다시 청춘으로 돌아가기 위해 여러분의 열정은 움직일 준비가 되었나요?

《죽은 열정에게 보내는 젊은 Googler의 편지》 발간 이후 책을 통해, 강연을 통해, 그리고 이메일을 통해 참 많은 분들을 만날 수 있었습니다. 그중에는 60대임에도 여전히 청춘이신 분도 계셨지만, 10대, 20대임에도 '죽은 열정'이 된 것 같아 고민하는 '청춘'이 더 많았습니다.

어려워진 경제사정만큼이나 요즘 우리 청춘이 많이 지쳐있는 것 같아 안타깝습니다. 새벽까지 그들의 이메일에 답장하고, 소주잔을 함께 기울이며 고민을 나누고, 강연에서 눈을 마주치며 응원했지만 여전히 제가 그들에게 전해줄 수 있는 열정은 시간적으로, 물리적으로 제한적일 수밖에 없었습니다.

가난과 꿈 사이에서 힘들어 하는 부산의 어느 고등학생의 꿈 많은 청춘도, 제주도에 사는 어느 대학생의 지쳐가는 청춘도, 중국에 조기 유학을 가서 힘들어하는 청춘도, 미국에서 시작한 새로운 삶 가운데 방황하고 있는 청춘도, 사회생활에 힘들어하는 청춘도 저에게 진솔한 마음을 담아 도움을 구했지만, 마음처럼 한 번에 달려가서 손을 잡아줄 수는 없었습니다.

모든 것을 주고도 더 해주지 못해 아파하는 사람처럼 그들에게 마치 마음의 빚을 지고 있는 것 같아 저 또한 마음이 편하지는 않았습니다. 그래서 더 많은 청춘에게 힘이 될 수는 없을까를 늘 고민하며 살았습니다.

우리네 청춘의 힘든 모습처럼 2009년은 어두운 전망으로 가득했지만 새해라는 것은 언제나 기대와 희망, 설렘을 가져다 줍니다. 하지만 제게 2009년 1월은 여느 해와는 다른 느낌으로 다가왔습니다.

구글에서 사회생활을 시작한 지 3년째가 되어가고, 30대의 문 앞에 서게 된 나이니까요.

'나도 모르는 사이' 에 여기까지 온 것이 신기하기도 하고, 너무 빨리 지나온 것 같아 아쉽기도 했습니다. 그리고 2009년이 마치 제 인생의 진짜 시작처럼 느껴졌습니다.

이렇게 복잡한 생각에 잠겨있던 2009년 1월, 저는 미국 라스베가스로 출장을 떠나게 되었습니다. 정신없이 일을 마치고, 귀국 하기 전에 한 해 계획도 세우고 생각도 정리 할 겸 잠시 관광을 즐기고 있었습니다.

라스베가스에서 자동차로 한 시간 남짓 달리면 닿을 수 있는 곳에 있는 주립공원 불의 계곡Valley of Fire을 찾아갔습니다. 예상대로 지형은 온통 붉은 색이었습니다. 불의 계곡은 파란 하늘 덕분에 더 붉게 보이는 것 같았습니다. 암석에 새겨져 있다는 고대 인디언들의 흔적을 좀 더 자세히 보고 싶은 마음에 차에서 내려서 걷기 시작했

습니다. 표지판을 보니 그리 멀지 않은 길이었죠.

처음에는 무작정 표지판이 가리키는 쪽으로 걸어갔습니다. 조금씩 차가 세워진 도로와 멀어지기 시작했습니다. 그렇게 사막처럼 잘게부서진 모래가 가득한 길을 계속 걸었습니다. 한참을 걸었다고 생각했는데 샘이 있다는 이 길의 끝지점은 아직 보이지 않았습니다. 불안하더군요. 제가 도대체 어디까지 왔는지, 얼마나 더 가야하는지 알 수 없었기 때문입니다.

나중에는 도대체 제가 걷고 있는 이 길이 맞는 것인가 하는 걱정도 들더군요. 불안한 마음 때문에 열심히 걷고 싶은 열정도 죽어가고 있었습니다. 하지만 잠시 후 안도하게 되었습니다. 눈 앞에 거리와 방향을 알려주는 표지판이 나타났기 때문입니다.

늘 다른 분들의 고민을 들으면서 지내왔는데, 오늘은 제 고민을 고백하려고 합니다. 요즘 저의 가장 큰 고민은 두 가지 문장으로 요약됩니다.

END OF
TRAIL
20 YARDS

'나는 어디로 가고 있는가?'
'나는 지금 어디에 있는가?'

　불의 계곡을 걷고 있을 때 했던 걱정과 제 인생의 고민이 참 비슷하다는 생각을 해봅니다. 나름대로 열심히 청춘을 즐기며 달려왔지만, 제가 가는 방향이 맞는지, 도대체 저는 어디에 있는지, 그래서 얼마나 더 가야하는건지 도무지 알 수 없었기 때문입니다.

　인생이라는 길에서 청춘은 목표지점을 향해 그저 열심히 걸어가는 과정인지도 모릅니다. 요즘처럼 치열한 경쟁 속에서는 내가 지금 어디로 가고 있는지, 어디에 있는지 고민할 시간도 부족한 것 같습니다. 그저 남들보다 빨리 걸어가야 한다는 조급한 생각뿐이지요.

　하지만 제가 그렇듯 여러분도 뭔가 불안한 마음이 있을 거라고 조심스럽게 짐작해봅니다. 그리고 힘이 들 것입니다.

　그렇다면 우리의 청춘에도 방향과 위치를 알려주는 표지판이 필요하지 않을까요?

걷고 있는 길이 힘들어 지쳐있는 청춘들을 응원하기 위해 움직이는 열정을 전해주고 싶었습니다. 우리가 가고자 하는 방향이 맞는지를 다른 관점에서 한 번쯤 바라볼 수 있는 기회를 공유하고 싶었습니다. 그래서 이 책이라는 '작은 표지판'을 만들기로 했고, 글을 쓰는 지독히도 외로운 싸움에 다시 저를 내던지게 되었습니다. 덕분에 다시 치열한 고민을 시작하게 되었고, 깜빡이는 커서 앞에서 소중한 주말 동안 한 글자도 쓰지 못해서 괴로워하는 시간은 어김없이 다시 찾아왔습니다. 저의 모든 더듬이를 세워 우리 청춘에게 필요한 움직이는 열정과 새로운 관점을 찾으려고 노력했습니다.

지쳐있는 청춘들이 움직이는 열정을 만난다면 분명히 '영원히 그리울 만큼 행복한' 청춘으로 돌아갈 수 있다고 믿었습니다. 세상을 바라보는 새로운 관점을 알려줄 수 있다면 여러분의 청춘도 다시 두근거릴 수 있다고 믿었습니다.

여러분은 그저 잠시 방황하고 있는 것뿐일지도 모르니까요. 가슴

뛰는 청춘을 제대로 보내지 못하고 이미 청춘의 마지막을 보내게 된 저의 아쉬움을 담아낸 이야기가 될지도 모릅니다. 하지만 이 책 속에는 여러분의 청춘을 응원하기 위해 참 오랜 시간을 기다린 저의 진심이 담겨 있습니다.

여러분과 공감하고 싶었고, 만나고 싶었고, 대화하고 싶었고, 여러분에게 힘이 되고 싶었습니다. 조심스럽게 저의 열정을 다시 움직여봅니다. 여러분의 청춘을 꼭 만날 수 있기를 소망합니다.

김태원 드림.

● CONTENTS

이 화분이 우리 집에 들어온 지도
대략 3~4년이 되어갑니다.
그동안 한 번도 꽃피운 것을
보지 못했는데 올해 처음으로
꽃이 피었어요.
원래 꽃이 안 피나 보다 하고
전 포기하다시피 했거든요.

기대하지도 않았는데,
더군다나 예쁘게까지 피어주니
고마웠고, 또 내 멋대로 포기했다는
점이 미안했습니다.
제 자신한테도 가능성을 항상
열어두고 꽃피울 그날을
준비해야겠어요.

어느 독자께서 제게 보내주신 메일 내용과 사진입니다. 이 책에 서툴게 담겨 있을 제 열정과 생각이 우리 모두의 가능성에 대한 믿음에서 시작했다는 것을 기억해주세요. 작고 어두운 박스 안에 갇혀 있을지 모를 우리의 가능성과 열정을 세상으로 끄집어내어 자유롭게 해주고 싶었습니다.

이 책이 여러분의 가능성이라는 꽃이 피는데 작은 힘이 되길 바랍니다. 제 열정의 근원은 여전히 사람이기 때문입니다. 그렇게 한 사람, 한 사람의 가능성이 피어나고 우리 각자의 꿈이 이루어진다면, 궁극적으로 우리가 살아가는 사회가, 나라가, 세계가 변화할 거라고 믿습니다. 다시 가슴이 뛰기 시작한 우리의 '청춘' 처럼 말입니다.

Passion Makes You Sexy!

어찌 됐건 죽는 건 중요하지 않아.
난 이 감옥에 도전해보았으니까.

__버나드 코이
(1946년 알카트라즈 탈옥에 나섰다가 경비원들의 총격을 받고 사망)

탈옥을
준비할 시간

마이클 베이Michael Bay가 감독하고, 숀 코너리Sean Connery와 니콜라스 케이지Nicolas Cage 등이 출연한 인기 영화 〈더 록The Rock〉. 1996년 개봉했지만 아직도 사람들 입에 오르내리는 걸 보면 참 인상적인 영화였던 것 같습니다. 이 영화에는 세계에서 가장 악명 높다는 알카트라즈Alcatraz 감옥이 나옵니다. 알카트라즈는 처음 문을 연 1934년부터 문을 닫은 1963년까지, 29년 동안 탈옥수가 단 한 명도 없었던 것으로 알려져 있습니다.

아무도 탈출하지 못한, 세계에서 가장 악명 높은 감옥이라 불리는 알카트라즈 감옥은 어디에 있을까요? 왠지 바다 한가운데 있는 무인도나 사방이 막힌 깊은 산 속에 있을 것 같습니다. 하지만 샌프란시스코 여행 중에 실제로 보게 된 알카트라즈 감옥은 샌프란시스코

저 창 밖엔
무엇이
나를 기다릴까?

해변에서 불과 1.6킬로미터밖에 떨어지지 않은 알카트라즈 섬에 있었습니다. 서울에 비유하자면 한강에 있는 어느 작은 섬 정도가 될 것 같습니다.

해변에 서 있는 저와 눈앞에 보이는 감옥 사이의 가까운 거리 때문인지, 저는 가장 악명 높은 감옥이라는 영광(?)을 알카트라즈 감옥에 주고 싶지 않았습니다. 세상이 손에 잡힐 듯 가까운 거리에 있으므로, 마음만 먹으면 수영을 해서 탈옥할 수 있을 것 같았기 때문이죠. 하지만 거기에는 제가 모르는 다른 이유가 있었습니다. 샌프란시스코 만의 수온은 다른 곳에 비해 유달리 낮기 때문에 감옥에서 나오더라도 헤엄쳐 가는 도중 저체온증으로 사망할 수밖에 없는 구조라고 합니다. 게다가 유난히 조류도 빠르다고 합니다. 그래서 사람들은 알카트라즈 섬을 악마의 섬이라고 불렀습니다. 이제야 가장 악명 높았던 이유를 알 것 같았습니다. 저는 고개를 끄덕였습니다. '그래서 악명 높았던 거구나.'

샌프란시스코 해변을 지나 금문교로 향했습니다. 금문교와 샌프란시스코 모습을 사진 한 장에 담고 싶었던 저는 친구와 함께 금문교 뒤에 있는 산으로 올라갔습니다. 카메라에 담긴 금문교와 샌프란시스코의 모습은 한 폭의 그림이었습니다. 바다를 감싸 안은 듯 편안해 보이는 샌프란시스코의 모습, 금문교 위를 자유롭게 지나는 자동차의 행렬, 샌프란시스코 해변 앞에서 느긋이 여유를 즐기는 보트의 행렬은 여행의 '자유'를 만끽하고 있는 저조차도 부럽게 만들어

알카트라즈 감옥

버렸습니다.

　하지만 그 아름다운 풍경 속에도 알카트라즈 감옥은 존재했습니다. 갑자기 알카트라즈 감옥이 악명 높았던 이유는 다른 데 있을지도 모른다는 생각이 꿈틀거리기 시작했습니다. 우리가 알카트라즈에 갇힌 죄수가 되었다고 가정해봅시다. 우리 눈앞에는 가족과 친구들이 있을지도 모를 샌프란시스코 도시가 보이고, 금문교를 자유롭게 오가는 자동차와 바다에서 유유히 자유를 즐기는 보트 행렬이 보일 겁니다. 눈앞에 '자유'가 보이지만, 우리는 그 자유를 누릴 수 없다는 '처절한 박탈감'을 매일 느끼면서 살아야 하겠죠. 자유로움이 가득한 풍경 속에서 느껴야 하는 자유의 부재가 얼마나 고통스러웠을까요? 그래서 알카트라즈에 갇힌 죄수들은 그곳을 가장 악명 높은 감옥이라 불렀을 겁니다. 눈앞에서 손에 잡힐 듯 느껴지는 자유는 어떤 죄수에게는 탈옥을 유도하는 달콤한 유혹이 되었고, 탈옥은 차가운 바다와 빠른 조류 속에서 죽음으로 마무리되었을 겁니다.

문득 제가 군에 입대했을 때가 생각납니다. 저는 경상남도 창원시에 있는 39사단에서 신병 교육을 받았습니다. 막연하게 군대는 깊은 산 속에나 있을 줄 알았는데, 눈앞에 도시가 보이는 위치에 부대가 있으니 왠지 속세와 격리되는 건 아닌 듯한 안도감도 느껴졌습니다. 군인이 되면 가장 불안한 것 중에 하나가 사회와 격리되었다는 느낌이니까요. 하지만 누구나 그랬겠지만 자유가 제한된 신병교육대의 생활은 적응하기 쉽지 않았습니다. 처음에는 민주주의 국가인 우리나라에 이런 곳이 존재한다는 것 자체가 믿어지지 않았을 정도였습니다. 당시 제게 가장 큰 고통은 바로 불침번이었습니다. 모두 잠든 내무실에서 불침번을 서며 창밖을 바라보면 어둠 사이로 창원시를 밝히고 있는 불빛과 도로를 신나게 달리는 자동차의 모습이 보입니다. 이곳에는 없는 자유가 바로 눈앞에 존재하는 겁니다.

눈앞에 자유가 보이는데 제가 그 자유를 누릴 수 없다는 고통은 마음을 자꾸만 지치게 만들었습니다. 자유가 얼마나 소중한지, 그 소중한 자유를 알차게 즐기지 못한 저의 지난 삶이 얼마나 어리석었는지 뼈저리게 느낄 수 있었습니다. 후회하고 반성하고 아파했습니다. 그 불빛 속에 가족과 친구들의 얼굴이 보이는 것 같아서 부대 담을 넘어 도망가고 싶은 충동이 일기도 했습니다. 차라리 부대가 산 속에 있었다면 '딴생각'은 하지 않았을 텐데, 왜 하필 도시가 보이는 곳에 자리 잡아 이렇게 자유가 없는 박탈감을 느끼게 하는지 원망스럽기도 했습니다. 그때 제가 고통스러웠던 까닭은 부대를 탈영할 수 없어서가 아니라, 바로 자유가 없는 처절한 박탈감 때문이었습니다.

알카트라즈 감옥에 갇힌 죄수들의 마음은 아마 그때 제가 느낀 것과는 비교도 할 수 없을 만큼 고통스러웠을 겁니다.

죄수가 되어보지 못한 우리는 알카트라즈에 갇힌 그들의 마음을 알 수 없습니다. 그저 우리의 박스 속에서 그들의 생각을 짐작할 뿐입니다. '악명 높다'는 것은 '아무도 탈출할 수 없다'는 것과 같다는 공식이 자연스럽게 성립하는 생각의 박스 속에 살아가는 우리가 금문교와 샌프란시스코가 그들에게 매일 안겨주었을 '자유에 대한 박탈감'을 감히 상상할 수는 없을 겁니다. 우리의 닫힌 생각의 박스를 깨고 알카트라즈 감옥에 갇힌 죄수가 되어본다면, 그 감옥이 악명 높은 근본적인 이유가 단지 탈옥할 수 없기 때문만은 아니라는 것을 쉽게 알 수 있을 거라고 생각합니다. 우리의 생각은 무대 위에 있는 배우의 마음을 그저 짐작만 하는 '관객'이 아니라 '무대의 주인공'이 되어야 합니다.

이제 알카트라즈 감옥은 더 이상 죄수를 가두는 곳이 아닌 관광지로 지금도 그 자리에 있습니다. 하지만 가장 악명 높은 감옥은 사라지지 않았습니다. 저는 우리의 생각을 지배하고 있는 박스가 알카트라즈 감옥보다 더 지독한 감옥이라고 생각합니다. 그것은 우리가 창의적으로 상상하고, 다양하게 느끼고, 유연하게 생각할 자유를 가둬버리기 때문입니다. 〈난타〉로 전 세계를 난타한 공연 기획자 송승환 씨, 가장 자유롭고 창의적으로 사고할 것 같은 직업을 가진 그도 자신을 가둬버린 생각의 박스 때문에 힘들었다고 고백했습니다.

> 그가 1985년 스쿨 오브 비주얼 아트에 다닐 때의 일이다. 필름 메이킹 과목에서 네 명이 한 조를 짜서 5분짜리 단편영화를 만드는 프로젝트를 수행해야 했다. 어떤 영화를 만들까 토론하면서 그가 했던 생각은 이 내용이 몽땅 검열에 걸리겠다는 것이었다. 그는 미국에 와서까지 자기 검열에 스스로 사로잡혀 있다는 느낌을 지울 수 없었다. "내 스스로 상상을 규제하는 기관이 발달했던 거다. '뭐 하면 안 된다'에 익숙해진 결과다."

장상용 (《프로들의 상상력 노트》, 해냄)

알고 보면 우리 모두는 세계에서 가장 악명 높은 감옥, '생각의 박스'에 갇혀버린 불쌍한 죄수일지도 모릅니다. 그 감옥에 제 발로 걸어 들어간 셈이죠. 자신들이 가장 불쌍한 죄수인지도 모르는 채, 사람들은 과거 알카트라즈 감옥에 갇혔을 불쌍한 죄수의 삶을 간접경험 하며 '즐거운 관광'을 하는 역설이 펼쳐집니다. 박스 밖에서 보는 세상과 박스 안에서 보는 세상은 이렇게 다릅니다. 저도 박스 안에 갇혀 있을지 모릅니다. 그래서 아찔합니다. 진심으로 '탈옥'하고 싶습니다.

Think outside box
- 여행은 생각의 박스를 깨는 좋은 방법이다.
- 짐작하는 것이 아니라 정말 '그들'이 되어서 생각하자.
- 세상에서 가장 악명 높은 '생각의 박스'를 탈옥하자.

그대가 부모로부터 물려받은 것도 없고
하늘로부터 물려받은 것도 없는 처지라면,
그대의 인생길은 당연히 비포장도로처럼
울퉁불퉁할 수밖에 없다.
그리고 수많은 장애물을 만날 수밖에 없다.
그러나 두려워하지 말라.
하나의 장애물은 하나의 경험이며
하나의 경험은 하나의 지혜다.
명심하라.
모든 성공은 언제나 장애물 뒤에서
그대가 오기를 기다리고 있다.

＿이외수 ((하악하악), 해냄)

《죽은 열정에게 보내는 젊은 Googler의 편지》를 읽은 많은 독자
께서는 마치 제 인생에는 실패가 없었을 것 같다고 말씀하셨습니다.
그리고 그런 인생을 우리는 흔히 '엄마 친구 아들'이라는 표현으로
대신하곤 하죠. 실패를 경험하지 못했을 것 같다는 오해의 크기만큼
제 경험과 생각은 독자들에게 공감을 얻기 어려웠을지 모릅니다. 사
실 제가 책을 통해 가장 전하고 싶었던 메시지는, 저 또한 엄친아가
아닌 지극히 평범한 사람일 뿐이라는 것, 하지만 열정을 움직였더니
인생에 새로운 기회들이 나타나기 시작했다는 것, 그래서 여러분도
열정을 움직인다면 저보다 더 잘할 수 있다는 것이었습니다.

　저는 강연이나 이메일 등을 통해서 독자를 만날 때마다, 여러분이
가장 먼저 깨야 하는 생각의 박스는 바로 '김태원＝엄친아'라는 박

모든 것이 끝났다고
절망하는 그 순간,
새로운 희망의 싹이 피어남을
잊지 마세요.

스라고 말합니다.

사실 처음 책이 나왔을 때, 제가 경험한 실패의 흔적들을 좀 더 많이 담지 못한 것이 아쉬웠습니다. 독자들에게 좀 더 멋지게 보이고 싶었던 제 어리석은 욕심과 착각 때문인지도 모르겠습니다. 하지만 책에 실패에 대한 이야기를 더 많이 담지 못했던 이유를 솔직하게 고백하면, 저보다 더 큰 실패를 경험하신 분들 앞에서 감히 제 경험을 실패라고 정의해도 되는지 망설여졌기 때문입니다. 그리고 뒤돌아보니 제가 겪은 실패가 지금의 저를 있게 한 좋은 계기였기 때문에 실패라고 정의 내리기가 망설여졌기 때문이기도 합니다. 그래서 저는 감히 제가 겪은 실패의 깊이를 말하려는 것이 아닙니다. 그보다는 실패의 의미에 대해 말하고 싶습니다.

1999년 1월, 저는 한겨울의 추위를 느끼지도 못한 채 공원 벤치에 혼자 앉아 있었습니다. 축구를 좋아하는 제가 매일같이 공을 갖고 뛰어놀던 그 공원에서, 저는 삶의 희망을 잃은 낙오자처럼 초점 없는 눈으로 멍하니 하늘만 바라봤습니다. 그리고 마치 고장 난 녹음기처럼 혼잣말로 "바보 같은 놈, 바보 같은 놈" 하며 괴로워했습니다. 저는 그때 실패했다고 생각했습니다.

재수를 하는 것은 스스로 선택한 일이었음에도, 입시에 실패했다는 충격을 쉽게 이겨내기가 어려웠습니다. 실패한 현실을 인정하고 싶지 않아 대낮이 되도록 이불 속에서 나오지 않은 적도 있습니다.

눈을 뜨고 새로운 하루를 시작하는 게 실패를 인정하는 것처럼 느꺼졌기 때문입니다. 제 인생에서 재수의 순간을 지워버리고 싶은 마음도 간절했죠. 어쩜 그렇게도 바보 같았을까요? 어렸던 저는 실패를 마주하는 방법을 모르는 채 재수를 시작했습니다.

남들처럼 재수 학원을 다니지도 않고, 1년 동안 혼자 독서실에서 재수 생활을 하면서 지독한 외로움을 경험했습니다. 덕분에 자기 자신과 싸우며 외로움을 이겨내는 방법을 배울 수 있었습니다. 학교 시간표대로 움직이던 제게 1년이라는 자유 시간은, 주어진 시간을 스스로 책임지는 방법을 가르쳐주었습니다. 남들보다 1년이 더 길었던 대학 생활에 대한 그리움은 소중한 대학 생활을 헛되이 보내지 않게 하는 마음가짐을 길러주었습니다. 덕분에 대학생이 되었을 때, 친구들은 어떻게 해야 할지 몰라 고민하고 있었지만 저는 나름대로 계획을 세우고 하고 싶은 일들을 찾아다닐 수 있었던 것 같습니다.

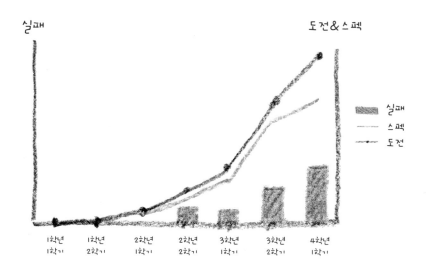

그래서 이제는 재수 생활이 지워버리고 싶은 시간이 아니라, 영원히 간직하고 싶은 소중한 시간이 되었습니다. 그때는 실패했다고 생각했는데, 앞으로 더 발전할 수 있는 좋은 경험을 하고 있었던 겁니다.

하지만 아쉽게도 제 대학교 1학년 시절은 다른 친구들과 크게 다르지 않았던 것 같습니다. 그리고 실패 한 번 없었던 그때는 제 인생에서 가장 부끄럽고 안타까운 시기입니다. 그때 제가 실패를 하지 않은 이유는, 단 한 번도 새로운 도전을 하지 않았기 때문입니다. 실패가 많았던 3, 4학년 때는 가장 돌아가고 싶고, 때로는 자랑스럽게 느껴지기도 하는 시기입니다. 실패가 많아서 자랑스럽습니다.

왜냐하면 현실에 안주하지 않고 열정을 움직이며 새로운 도전을 많이 했기 때문입니다. 저는 '엄마 친구 아들'처럼 뛰어나지 못하기 때문에, 새로운 도전을 많이 할수록 실패를 피해 갈 수 없었습니다.

그냥 현실에 안주하거나 익숙한 것, 잘할 수 있는 것만 했다면 제 대학 생활에 실패라는 이름을 남기지 않을 수 있었을지도 모릅니다. 하지만 실패가 없는 제 대학 생활은 상상하기도 싫습니다. 실패로 인해 제가 발전할 수 있었던 기회, 실패하는 과정에 쌓은 소중한 추억을 '실패 없는 깨끗한 성적표'와 절대로 바꾸고 싶지 않습니다.

사실 누구나 실패하지 않는 삶, 실패가 없는 성공적인 삶을 꿈꾸고 살아갑니다. 저도 마찬가지였습니다. 그래서 실패의 반대말은 당연히 성공이라고 생각했습니다. 하지만 실패가 소중한 경험이라는 것을 깨닫고 난 후에는, 실패의 반대말은 성공이 아니라 도전이 없는 삶이라고 생각하기 시작했습니다. 저는 대학교 1학년 때 아무런 도전도 하지 않았기 때문에 실패할 수 있는 '기회'도 없었던 겁니다. 실패를 하지 않는 방법은 아예 시도조차 하지 않는 거죠. 이렇듯 우리는 '실패=나쁜 것'이라는 착각을 안고 삽니다.

여러분은 실패한 후 어떻게 하나요? 어떤 일에 실패하면 자신감이 떨어지고, 때로는 자신의 한계를 깨닫고 좌절할 때도 있습니다. 그래서 이전보다 목표를 낮춰 잡습니다. 도전해서 실패했으니 목표를 조금 낮추면 다음에는 성공할 확률이 높아지기 때문이죠. 하지만 저는 실패하고 나면 오히려 목표를 높게 잡습니다. 왜냐하면 실패는 경험이기 때문입니다. 실패하기 전에는 아무런 경험이 없는 상태에서 목표를 세웠지만, 실패 후에는 이전보다 경험이 쌓입니다. 그런 만큼 경험이 없을 때보다 목표도 높아져야 하는 건 어쩌면 당연한 결론일지도 모릅니다. 하지만 실패가 그저 피하고 싶은 것으로 보일 때, 우리의 목표도 자신감도 조금씩 낮아집니다. 목표가 낮으면 더 높이 뛰어오르고 싶은 열정도 줄어듭니다. 실패한 후에는 이전보다 목표를 더 높게 잡으세요. 과감하게 농구 골대를 떼어서 더 높은 곳에 설치하세요. 그러면 더 높이 뛰어오를 수 있습니다. 아널드 슈워제네거Arnold Schwarzenegger(미국의 배우 겸 정치인)는 힘은 이기는 데서 오는 게 아니라 지금 당신이 겪는 고난이 당신의 힘을 키운다고 했습니다.

그래서 저는 가장 안타까운 사람이 바로 자신의 가능성에 스스로 한계를 정하는 사람이라고 생각합니다. 도전하지도 않고, 전공·집안 환경·학벌·외모 등을 이유로 스스로 자신의 가능성에 한계를 짓습니다. 대학교 1학년 때 제 모습 또한 그러했던 것 같습니다. 그리고 조금 해보고 힘들면 금방 멈춰버렸죠. 여러분 왼쪽에 보이는 사진처럼 등 뒤로 두 손이 닿게 해보시겠어요? 잘 안 되시나요? 처음에는 아프기도 할 겁니다. 어떤 사람은 몇 번 해보고 팔이 너무 아프니까 중간에 멈춰버립니다. 머릿속에 떠오른, '아파서 안 되겠어. 여기까지가 내 한계야' 하는 생각이 여러분의 가능성을 멈춰버립니다. 마치 딱 거기까지가 여러분의 한계인 것처럼 말이죠. 하지만 아파도 좋으니 꾹 참고 해보세요. 그러면 정말 거짓말처럼 두 손이 닿을 겁니다. 여러분의 가능성이라는 게 그런 겁니다. 뭔가 도전하다 보면 실패도 하게 되고, 실패하는 그 지점이 여러분의 한계라는 생각이 들 때도 있을 겁니다. 하지만 가능성이라는 건 한계가 없습니다. 한계가 없는데 한계가 있다고 말하는 것은 여러분 자신뿐입니다.

실패를 그저 실패로 생각했다면, 실패를 제 자신의 한계를 확인하는 안타까운 증거라고 생각했다면, 실패하지 않는 안정적인 삶만을 원했다면, 저는 절대로 구글에 입사하지 못했을 겁니다. 제가 구글의 채용 사이트에 방문해서 지원하고 싶은 포지션을 선택했을 때, "2년 이상의 직장 경력이 필요하다"라는 조건이 붙어 있었습니다.

사회 경험이 없는 대학생이었던 제가 감히 도전할 수 있었던 이유는 무엇일까요? 자신의 가능성에 스스로 한계를 짓지 않고 도전하면 이루어질 수도 있다는 것을 실패를 통해 경험했기 때문입니다.

처음 마케팅 공모전에 도전하려고 했을 때, 주위 사람들은 경험도 없고 전공도 비상경계인 저는 실패할 확률이 높으니 도전하지 말라고 했습니다. 하지만 저는 공모전에 도전했습니다. 덕분에 수상의 영광을 얻었을 때는 보람도 느끼고 부상으로 해외여행도 다녔고, 공모전에 떨어졌을 때는 제가 무엇이 부족한지에 대해 배울 수도 있었습니다. 공모전을 함께 준비하며 만난 친구들은 저의 가장 큰 재산이 되었습니다. 이런 경험을 통해 실패 그 자체가 중요한 게 아니라, 실패 후에 어떻게 하느냐에 따라 실패는 성공이 될 수도 있다는 것을 배웠던 거죠. 구글과 인터뷰하면서도 저는 제 실패 경험을 진솔하게 고백했습니다. 하지만 그 실패가 제게 어떻게 도움이 되었는지도 함께 이야기했습니다. 경험도 지식도 부족했던 제가 구글에 입사할 수 있었던 이유 중 하나는 그동안 제가 겪었던 실패의 힘이었다는 걸 여러분께 털어놓아야 할 것 같네요. 그래서 지금은 실패가 두려워서 도전하지 않는 일은 조금씩 사라지고 있습니다. 실패하면 적어도 경험은 쌓이니까요.

두산 김경문 감독은 안타깝게 한국 시리즈에서 준우승에 그친 후 인터뷰에서 이렇게 말했습니다. "경기가 끝나고 선수들이 아쉬워서 많이 울었다. 하지만 그게 배움이다. 칠전팔기의 정신으로 팀을 다시 만들어 내년엔 더 강해지겠다."

실패란 그 후에 어떻게 행동하느냐에 따라 재정의할 수 있다는 것을 깨달았습니다. 그래서 실패는 과거나 현재의 상태를 통해 결론을 내리는 게 아니라, 미래를 통해 결론을 얻을 수 있는 겁니다. 지금은 실패한 것 같지만 시간이 흘러 여러분이 어떤 성공을 경험하게 되었을 때 다시 한 번 그 실패에 대해 생각해보세요. 아마 그때 그 실패가 없었다면 성공도 없었을지 모릅니다. 아무도 여러분에게 실패했다고 말할 수 없습니다. 왜냐하면 여러분의 미래는 지금 실패처럼 보이는 착시를 멋진 경험이었다고 말해줄 테니까요. 그래서 지금 닥친 힘든 상황 앞에서 실패했다고 주저앉을 필요가 없습니다. 아직 결론은 나지 않았습니다. 앞으로 여러분이 어떻게 하느냐에 따라, 지금의 어려움은 진짜 실패가 될 수도 있고 성공을 위한 좋은 경험이 될 수도 있습니다.

실패는 여러분의 삶을 초라하게 만들 수도 있습니다. 때로는 무시당하고, 서럽고, 눈물도 흐르겠지요. 박진영 씨가 미국에 진출하려고 했을 때, 박진영 씨의 회사 주주들마저 미국 진출을 반대했다고 합니다. 그래서 사업 자금은커녕 집을 구할 돈도 없어서 아는 형네집에 얹혀 살았습니다. 미국에서 열정을 가진 수많은 사람이 그러했듯이, 그도 주차장의 일부 공간을 작업실로 쓰면서 도전을 시작했습니다. 미국인들에게 무시당한 적도 한두 번이 아니었다고 합니다. 너무 힘들어서 한국으로 돌아갈까 수없이 고민했습니다. 여러분은 이런 박진영 씨의 모습이 초라해 보이나요? 지금 당당하게 성공한 박진영 씨의 모습을 보면, 한때 초라했을지도 모를 모습마저도 멋있게 보일 겁니다.

여러분에게도 마찬가지입니다. 실패 때문에 자신의 모습이 초라하게 느껴지거나 지금 하고 있는 일이 하찮게 느껴진다면, 미래의 꿈을 위한 준비 과정이라고 생각하세요. "젊었을 때 당신도 그냥 벨보이였던 적이 있지 않습니까?"라는 어느 기자의 질문에 힐튼 호텔 창업주인 콘래드 힐튼Conrad Hilton 회장은 이렇게 대답했습니다. "저는 단 한 순간도 그냥 벨보이였던 적이 없습니다." 그는 벨보이를 하던 때에도 자신의 일을 하찮게 느끼지 않았다고 합니다. 그리고 늘 미래에 회장이 되어 있는 자신의 모습을 그리면서 살았다고 합니다. 그에게 벨보이는 꿈을 향한 준비 과정이었기 때문입니다.

실패는 창의력과도 연결됩니다. 세계적인 심리학자이자 하버드 대학교 교수인 하워드 가드너Howard Gardner에 따르면, 창의성은 도전하고 실수하고 스스로를 바보로 만들어보며 다시 도전하는 과정 속에서 개발된다고 합니다. 그리고 같은 실수가 아닌 늘 새로운 실수를 해야 한다고 강조합니다. 새로운 실수를 하려면 새로운 도전을 해야 합니다. 아직도 망설이고 계시나요?

실패가 없는 삶이 성공적인 삶처럼 보이는 착시를 가졌다면 우리는 앞을 보지 못하는 봉사입니다. 실패의 진정한 의미가 무엇인지 보지 못하는 '생각의 눈'을 가졌으니 우리는 모두 봉사입니다. 실패는 경험입니다. 실패하고 나면 목표를 더 높게 잡으세요. 실패했다는 사실이 여러분의 가능성에 한계를 짓지는 못합니다. 우리가 걱정해야 할 것은 실패가 아니라, 도전조차 하지 않고 잃어버리는 수많은 기회입니다. 그래서 실패는 맛있습니다.

"2005년까지 300만 명의 에이즈 환자에게 치료제를 보급하겠다." 세계보건기구WHO 전 사무총장 이종욱은 재임 당시 이렇게 공언했습니다. 그러나 에이즈 환자 대부분은 의료 체계가 빈약한 아프리카 사람들입니다. 게다가 아직 예산조차 확보되지 않은 상태였습니다. 불가능한 공약이라는 직원들의 우려에 그는 이렇게 말했습니다. "안 된다고 생각하면, 수많은 이유가 생기고 그럴듯한 핑계가 생깁니다. 과연 옳은 일이고 인류를 위해 반드시 해야 하는 일인가에 대해서만 고민합시다. 옳은 일을 하면 다들 도와주고 지원하기 마련이라는 걸 명심합시다." 하지만 우려했던 대로 환자 300만 명 중 200만 명에게는 치료제를 보급하지 못했습니다. 그는 이렇게 말했습니다. "적어도 실패는 시작하지 않는 것보다 훨씬 큰 결과를 남기는 법입니다. 바로 그 점이 중요합니다."

EBS 지식채널 e (《지식 e 3》, 북하우스)

Think outside box
- 실패는 과거나 현재가 아니라 미래가 결정한다.
- 우리에게 미래가 있다면 이미 결론이 난 실패는 없다.
- 실패는 도전했다는 증거다.
- 실패는 좋은 경험이다.
- 실패 후에는 더 높은 목표를 설정하자.
- 실패는 맛있다.

Light a candle instead of
cursing the dark.

__뉴욕 빈민촌 할렘가의 어느 허름한 건물 벽 낙서

불공평은
아무 말도
하지 않는다

　서점에서 따끈따끈한 신간을 펼칩니다. 흥미로운 제목, 하지만 낯선 작가. 그때 우리는 살짝 첫 장을 넘겨 저자 소개를 읽곤 하죠. 저자가 지은 다른 책, 저자가 속한 회사나 단체, 전공, 나이, 국적 등을 통해 아직 책 속에서 만나지 않은 저자의 모습을 그려봅니다. 《죽은 열정에게 보내는 젊은 Googler의 편지》를 처음 접한 독자님들도 그러셨던 것 같습니다. 첫 장을 넘기고, 저자 경력란에 소개된 '청담고, 고대 동문회장'을 보고 꽤 많은 분이 편견을 안고 책을 읽기 시작했다고 하셨습니다. 부잣집 아들로 태어나서 편하게 살았고, 고액 과외 받고 외국에 좀 살다가 구글에 입사하게 된 스토리를 만드시곤 했죠. 또 '청담고'가 주는 '부잣집 아들' 이미지 때문에, 바로 책을 덮어버린 분도 있다고 합니다.

내 삶에만 던져진 돌덩어리일까요?
과연, 그럴까요?

하지만 저는 '범죄 없는 마을' 경북 상주에서 태어났습니다. 슈퍼마켓 하나 없었던 시골에서 '촌놈'으로 살았습니다. 〈워  낭소리〉에 나오는 것처럼 소를 끌고 다니며 논둑을 걷는 것은 제게 별로 특별하지 않은 일상이었습니다. 교과서에서 배웠던 것처럼 5일마다 장이 섰고, 동네 할아버지 할머니들이 읍내에 내다 팔 곡식이나 나물을 머리에 이고 하루 세 번밖에 오지 않는 읍내행 버스를 기다리던 모습이 아직도 생생합니다.

그렇게 살아가던 시골 촌놈이 서울에서 공부시켜야 한다는 학교 선생님의 권유로 초등학교 5학년 때 서울로 전학을 왔고, 그곳이 바로 청담초등학교였습니다. 평범한 집 자식인 제가 특별한(?) 사람들이 모여 산다는 곳으로 전학을 했으니 모든 것이 신기하기만 했습니다. 좋은 집, 좋은 차, 비싼 옷 등이 부럽기도 했지만, 그저 하루하루가 즐거운 어린 초등학생에게 불평등의 깊이를 느낄 겨를은 없었습니다.

누구나 갖고 있는 고민, 하지만 쉽게 말할 수 없는 고민. 그게 바로 집안 문제인 것 같습니다. 한창 사춘기를 보내던 중·고등학교 시절, 아버지에게 뜻하지 않은 교통사고가 났고 우리 가족은 좁은 방 두 칸짜리 지하실에 월세로 들어갔습니다. "모터가 고장 났네. 이

일을 어쩌지. 빨리 고쳐야 할 텐데.” 그날도 어머니는 행여 비가 올까 봐 걱정하고 계셨습니다. 지하실에 세를 들어 사는 우리 가족에게 가장 중요한 것은 바로 모터였습니다. 비가 오면 모터가 돌아가서 물을 퍼내줘야 하는데, 모터가 고장 나면 빗물이 하수구로 다 빠져나가지 못하고 그대로 방으로 들어오기 때문이었습니다. 한동안 비가 오지 않을 거라는 일기예보를 믿고, 걱정은 잠시 미뤄두고 학교로 향했습니다.

열심히 수업을 듣던 오후, 잠시 고개를 돌려 멍하니 창밖을 바라보던 저는 깜짝 놀랐습니다. 일기예보에서는 분명히 당분간 비가 오지 않을 거라고 했음에도 굵은 빗방울이 쏟아지기 시작했기 때문입니다. ‘소나기겠지. 곧 그칠 거야.’ 그런 바람이 커질 때마다 비는 더 많이 내렸습니다. 더 이상 수업은 머리에 들어오지 않았습니다. 모터가 고장 났다는 사실이 생각났기 때문입니다. 이 정도 비라면 아마도 방에는 벌써 물이 차기 시작했을 겁니다. 저는 수업을 마치자마자 무서운 개에게 쫓기듯이 집으로 뛰어갔습니다. 역시나 빗물은 마치 저를 놀리듯이 무릎 높이에서 찰랑찰랑 춤을 추고 있었습니다. 비 오는 날 지하실은 왜 이렇게 어두운지, 아직 오후 4시인데도 불을 켜지 않으면 어두운 밤 같았습니다.

저는 쌀 씻을 때 쓰는 플라스틱 바가지를 들고 물을 퍼내기 시작했습니다. 군대에서 수해 복구 작업을 해보신 분은 알겠지만, 물을 퍼내는 일은 여간 힘든 것이 아닙니다. 작은 바가지로 아무리 열심히 퍼내도, 방에 찬 물은 전혀 줄어들 기미가 보이지 않았습니다.

그렇게 1시간쯤 흘렀을까요? 저는 기운도 빠지고 배도 고파서 잠시 쉴 생각으로 책상 위에 올라가 웅크린 채 누워 있었습니다. 그러다 그만 잠이 들어버렸습니다.

잠시 후 저는 동생의 울음소리를 듣고 잠에서 깼습니다. 학교를 마치고 집에 돌아온 동생이 방 안 가득 들어찬 물을 퍼내다 지쳐 잠들어 있는 오빠 모습을 보고는 속이 상했나 봅니다. "다른 애들은 고3이라고 비싼 학원 다니고 족집게 과외 받고 그러는데, 우리 오빠는 불쌍하게 여기서 물이나 퍼내고 있다. 세상이 너무 불공평해." 이렇게 중얼거리며 울면서 그 작은 손으로 제가 쓰던 바가지를 들고 물을 퍼내고 있었습니다. 저는 잠들어 있는 척하며 동생 반대편으로 몸을 돌렸습니다. 눈물을 보이고 싶지는 않았습니다. 씩씩한 오빠로 보이고 싶었나 봅니다.

세상이 참 불공평하게 느껴질 때가 많습니다. 같은 고3인데 누구는 고액 과외를 받을 때, 또 누구는 방에 가득 찬 빗물을 퍼내고 있습니다. 하지만 수능 문제는 똑같습니다. 어떻게 이리도 불공평할 수 있을까요? 정말 공부할 맛이 뚝 떨어집니다. 교육 기회의 균등이라는 말이 갑자기 서럽게 느껴지기도 합니다. 세상은 환하게 밝았지만 해가 떠도 빛이 들어오지 않는, 그래서 늘 형광등을 켜고 살아야 하는 깜깜한 지하실의 대조적인 모습 같습니다.

맞습니다. 저는 세상이 불공평하다고 생각합니다. 하지만 여기서 생각이 멈췄다면 제 삶은 하나도 달라지지 않았을 테죠. '불공평하지만 내가 극복할 수 있을 만큼만 불공평하다'는 것이 제가 불공평을 마주하는 방법입니다.

어쩔 수 없는 현실을 두고 불공평하다며 불평한다고 해서 달라지는 것은 없습니다. 불공평하다는 생각은 우리의 가능성을 누르고 있는 커다란 바위 덩어리와 같습니다. 우리가 불공평하다고 인정해버리고 체념하면, 우리의 가능성은 불공평하다는 생각 속에 묻혀버리고 맙니다. 여러분의 가능성은 충분히 그 불공평함을 뛰어넘을 수 있을지도 모르는데, '에이, 어차피 불공평한데 뭐. 결과야 뻔하겠지'라며 경쟁하지도 도전하지도 않는 경우가 많습니다. 저는 불공평은 우리가 극복할 수 있을 만큼만 불공평하다고 생각하면서 살아가고 있습니다. 그래야 제가 닥친 불공평한 상황을 극복할 수 있는 열정이 생기기 때문입니다.

불공평한 현실을 인정하고 그것을 극복하려고 노력하지 않으면, 그 불공평함은 영원히 불공평하게 남습니다. 빗물이 무릎까지 들어찬 방 안에서 물을 퍼내던 순간 '이렇게 불공평한 현실에서 공부한들 뭐가 되겠어' 하며 눈앞의 불공평함에 좌절했다면, 지금의 저는 있을 수 없었을 겁니다. 생각만 해도 아찔합니다.

안타까운 교통사고로 하반신이 마비된 강원래 씨는 다친 지 얼마 지나지 않아 어느 아주머니에게서 사인을 해달라는 부탁을 받았습니다. 하지만 강원래 씨는 "내가 우습게 보여? 나는 연예인이 아니고 장애인이야. 꺼져"라고 했습니다. "그런 마음으로 사니까 네가 이렇게 된 거야"라는 아주머니의 말을 듣고 참 많이 후회했다고 합니다. 그 후로는 누구에게나 웃으면서 사인을 해주고, 자신이 긍정적이 되면 세상도 긍정적이라는 깨달음도 얻었다고 합니다.

제가 진석 씨를 처음 알게 된 것은, 서강대에서 강의를 할 때였습니다. 휠체어에 타고 있던 진석 씨의 모습은 학생들 틈에서도 금방 눈에  들어왔습니다. 강의를 마치자 진석 씨의 휠체어를 밀어주고 계시던 진석 씨 어머니께서 제게 오셨습니다.

"태원 씨, 가기 전에 우리 아들과 잠깐만 이야기해주실 수 있을까요? 녀석이 꼭 오고 싶다고 해서 이렇게 불편한 몸을 이끌고 왔습니다. 시간 좀 내주세요."

어머니께서는 진석 씨에게 열정을 불어넣고 희망을 줄 수 있는 이야기를 해주길 원하셨습니다. 진석 씨는 몸이 불편한 것을 빼면 취업을 준비하는 여느 대학생과 크게 다르지 않았습니다. 희망과 열정을 전해주려고 노력했지만, 진석 씨와 이야기를 마치고 집으로 돌아가는 길에 제 마음은 자꾸 무거워지고 있었습니다. 제가 진석 씨에게 별로 도움이 되지 못한 것 같은 미안함 때문이었습니다. 어떤 이유나 목적도 없이 갑자기 하게 된 기도처럼 '그저 잘되게 해주세요'라고 마음속으로 빌 수밖에 없었습니다.

진석 씨와 만난 후 몇 개월이 지났습니다. 저는 회사에서 일을 하다가 신문을 들고 화장실로 갔습니다. 그때 우연히 진석 씨에 대한 기사를 읽으며 참 많은 눈물을 흘렸습니다. 기사 내용을 간단히 요약하면 이렇습니다.

> 근위축증을 앓고 있는 진석 씨는 6년 동안 휠체어를 타고 학교를 다니며, 지각이나 결석 한 번 없이 우수한 성적으로 학부를 마쳤다. 발병 당시 "어떻게 이런 일이 있을 수 있나" 하며 소리 없이 울기만 했던 어머니 박미라 씨는 "누가 아무리 무슨 말을 해도 위로가 안 됐다"라고 했다. 게다가 남편은 암 투병 중이었다.
>
> "남편이 투병 생활을 한 지 오래되었는데 힘든 상황에서 하나밖에 없는 아이가 그런 진단을 받으니까 정신적으로 많이 방황했어요. 같이 죽고 싶다는 생각을 하루에도 열두 번씩 했죠."
>
> 진석 씨는 시간이 지나면서 차츰 상태가 나빠졌고, 벌써 17년째 어머니는 변함없이 아들의 손발이 돼주고 있다. 모자는 비바람이 불고 태풍이 와도 학교에 함께 갔다. 결석이나 지각 한 번을 안 했다. 매일 등·하교 하는 애틋한 사연이 캠퍼스에 소문이 퍼지면서 진석 씨의 학부 졸업식 날, 학교에선 어머니에게 명예졸업장을 수여했다. 이어 대학원에 들어간 모자는 몸과 마음을 다해 노력한 결실을 맺을 수 있었다. 진석 씨는 국내 굴지의 인터넷 서비스 기업인 NHN에 입사하여, 2월 연수를 앞두었다. 아들이 보낸 "엄마, 합격했어"라는 문자를 받고 어머니는 눈물부터 흘렸다고 방송에서 털어놓았다.

진석 씨의 사연을 읽으면서도 아직 본인이 불공평의 피해자라고 생각하시나요? 다음 글은 어느 독자께서 보내주신 메일입니다. 국내뿐 아니라 외국에서도 불공평은 자신이 극복할 수 있을 만큼만 불공평하다는 말의 살아 있는 증거를 만나게 되었습니다.

"작년에 저는 버클리 대학교에 겨울 학기 교환학생으로 갔어요. 거기서 학교 총학생회 회장으로 지내는 여학생과 룸메이트가 되었는데 그 친구는 열 살도 되기 전에 한쪽 팔과 한쪽 다리를 잃은 친구였어요. 아프리카에 살면서 하루에 먹을 물을 길으러 1시간이 넘는 길을 맨발로 걸어가서 물을 떠 와야 했답니다. 그러던 어느 날 기차가 지나가는 길에 비가 와 진흙이 되어버린 땅을 밟다가 발을 빼내지 못하고 기차가 오는데도 그 자리에 그대로 있어야 했대요. 기차가 지나가고 정신을 잃은 뒤 눈을 떴을 때는 한쪽 팔과 한쪽 다리가 없어진 후였다고 합니다. 전 그 친구와 매일 점심을 먹으러 가고 매일 축구와 수영을 배우러 다녔지요. 저와 똑같은 유니폼을 입고 똑같은 수영복을 입고 많은 사람 앞에서 비교되기도 할 법한데, 그 친구는 제가 기억하는 모든 모습에서 늘 웃고 있었어요. 그리고 늘 사는 게 즐겁다고 했어요. 살아 있다는 것만으로도 감사하다고. 그녀는 오프라 윈프리의 평생 장학금을 받으며 열심히 사는 친구였는데요, 전 그 친구 입에서 단 한 번도 짜증 내는 말을 들어본 적이 없어요. 사실 전 든든한 부모님 곁에서 정말 온실 속의 화초처럼 자라온 사람이라 아픔 있는 사람들을 제대로 이해할 수 없어요. 하지만 적어도 "사는 게 참 힘들다"라고 생각하는 저는 김태원 씨를 보면서 꿈을 꾼답니다. 포기해버릴까 망설이던 꿈도 지금 힘들게 꾹 잡고 살고 있어요. "

    사전에는 불공평에 대해 "한쪽으로 치우쳐 고르지 못함"이라고 정의되어 있습니다. 그렇다면 더 나은 것도 불공평한 것이 되겠군요. 같지 않다면 모든 것은 불공평합니다. 그리고 사람은 서로 완전히 똑같을 수 없습니다. 긍정적인 불공평에는 감사하고, 부정적인 불공평은 극복하면 됩니다.

    저는 진석 씨를 보면서 다시 한 번 불공평에 대한 제 생각에 확신을 가질 수 있었습니다. 불공평은 어디에나 존재합니다. 하지만 우리가 극복할 수 있을 만큼만 불공평합니다. 불공평 앞에 멈춰 서면, 여러분의 가능성도 함께 무릎을 꿇습니다. 지금의 저는, 불공평한 것은 제가 극복할 수 있을 만큼만 불공평하다고 생각하며 살아온 결과일 뿐입니다.

Think outside box

- 불공평은 어디에나 존재한다. 나만 불공평한 것은 아니다.
- 불공평은 공평하지 않다는 뜻이지 극복할 수 없다는 뜻은 아니다.
- 불공평은 우리가 극복할 수 있을 만큼만 불공평하다.

그저 부러워만 하기에는

시간도, 열정도, 가능성도

너무 많은 당신

Prejudice is the child of ignorance.

__윌리엄 해즐릿 (William Hazlitt : 영국의 수필가)

당연하지
않았다

이들은 누구일까요?

❶ 10명 중 9명은 온전한 가정 출신이다.

❷ 이들 중 약 75퍼센트는 상류층이나 중산층 출신이다.

❸ 대학 진학률 5~6퍼센트인 나라에서 태어났지만, 이들 중 약 66퍼
센트가 대학에 진학했다.

❹ 이들 중 75퍼센트는 과학 및 공학 전문가다.

❺ 이들은 보통 3~6개국 언어를 구사한다.

❻ 이들 중 약 75퍼센트는 결혼했고, 대부분 자녀가 있다.

중·상류층 자녀로 태어나 대학에 진학하고, 다양한 언어를 구사
하는 이들. 후진국 출신 엘리트가 아닐까 상상해봅니다. 그런데 이

내가 가진

편견과

고정관념,

얼마나 많을까요?

들은 테러리스트였습니다. 《마이크로트렌드》(마크 펜 외, 해냄)를 읽어보면, 비록 주류는 아니지만 나름의 방식으로 하나의 특징을 지니고있는 트렌드를 만날 수 있습니다. 저도 테러리스트에 대한 조사 결과를 보고 무척 놀랐습니다. 가난하고 교육의 기회가 없는 사람들이사회적 반감이나 이념적 극단성 때문에 테러리스트가 될 거라는 편견을 갖고 있었는데, 사실은 그렇지 않았으니까요. 어쩌면 이들은자신의 신분을 완전히 숨기고 비밀스럽게 활동하는 테러리스트가되기 위해 일반 사람들의 편견을 역으로 이용했는지도 모를 일입니다. 이들의 배경을 알면 아무도 이들이 테러리스트일 거라고는 생각하지 않을 테니까요.

희망이 절망보다 해로울 수 있다?

테러리스트에 대한 편견이 다가 아닙니다. 보편적이라고 여겨지는 명제도 편견일 수 있다는 것을 보여주는 연구 결과가 있습니다.미시간 의과대학 피터 우벨Peter Ubel 교수 팀의 연구에 따르면, 대장절제 수술을 받은 말기 환자들에게 "살날이 얼마 남지 않았다"라고인생의 종말을 통보해버리면 환자들이 남은 나날을 밝고 긍정적인자세로 살아가지만, "목숨은 건졌다"라고 알려주면 오히려 자신의고통스러운 상황을 생각하며 지극히 우울해한다고 합니다.

그래서 판단력은 사회적 편견이나 고정관념에 얼마나 길들여지지않았느냐, '그렇지 않을 수도 있다'는 가능성을 얼마나 열어두느냐에 달려 있기도 합니다. 사람들은 판단력을 기르려고 사회적으로 합의된 상식이나 지식을 열심히 익힙니다. 지식이 많을수록 판단의 합리성도 높아진다고 생각하기 때문입니다. 판단하기 어려운 문제에 부딪혔을 때 우리는 전문가 혹은 지식인의 말에 귀를 기울입니다. 그들은 정교한 모델로 기회비용을 계산하고 방향을 제시합니다. 때로는 미래를 예상하죠. 그들이 그려놓은 밑그림 위에 우리의 그림을 그려가고, 그들의 판단은 우리가 판단을 내리는 근거가 되기도 합니다. 그들이 가진 지식의 양이 그들의 판단력과 비례할 거라는 기대가 반영된 결과일 겁니다. 하지만 그렇지 않은 경우도 많습니다. 학벌이 없어도 능력이 뛰어난 사람들을 늘 봅니다. 그래서 학벌은 능력의 지표가 아니라 비겁한 고정관념일 수도 있습니다.

판단력이 편견이나 고정관념과 반비례한다면, 판단력을 기르는 중요한 방법 중 하나는 편견과 고정관념에서 자유로워지는 일입니다. 지식을 쌓는 일도 중요하지만, 아는 것을 부정하는 것도 동시에 필요합니다. 아는 것이 힘이라고 하지만, 때로는 학습이 가장 큰 착각의 요소가 될 수도 있습니다.

저는 중·고등학교 국사 과목을 배우면서 고려 시대 귀주대첩을 승리로 이끈 것은 강감찬 장군이라고 배웠습니다. 제 기억 속에 강감찬 장군은 누구보다 용맹한 무신武臣으로 남아 있습니다. 하지만 저는 강감찬 장군에 대해 배우고 10년이 넘게 지나서야 강감찬 장군은 무신이 아니라 과거에 장원급제를 한 전형적인 문신文臣이라는 것을 알게 되었습니다. 일부를 마치 전부인 양 배운 기울어진 지식이 강감찬 장군을 제대로 보지 못하는 결과를 나아버렸던 거죠.

> 배추, 고추, 칼, 소나무 중에서 하나를 빼라고 하면 어른들은 칼을 선택한다. 생물과 무생물의 범주로 묶는 것이다. 그런데 아이들은 소나무를 뺀다. 나머지는 김치 담그는 데 쓰는 것이고 소나무는 아니기 때문이다. 어른들은 사물과 현상을 이미 틀 지워진 분류 체계 안에 꿰맞추는 안일한 습관에 길들여져 있다. 돌덩이 같은 고정관념이 말랑말랑한 사고를 둘러싸고 있는 것이다. 스톡데일 패러독스를 봐도 그렇다. 수용소에서 살아남은 사람들은 일반적인 통념과는 달리 낙관주의자가 아니라 현실주의자다.
>
> 유영만 (《상상하여 창조하라》, 위즈덤하우스)

2007년 12월 16일 일요일, 회사에서 혼자 일을 하다가 저녁을 먹으러 어느 식당에 들어갔습니다. 식당에서 혼자 밥 먹는 용기에는 음식이 나오기까지 무료한 시간을 혼자 견뎌야 한다는 것도 포함됩니다. 그래서 저는 식탁 옆에 있는 《헤렌HEREN》이라는 잡지를 펼쳐서 편집장 김세진 씨의 글을 읽고 있었습니다.

> 마감 중 우편으로 봉투 하나를 받았습니다. 겉봉에 "중요한 사진 자료가 있으니 접거나 구기지 마세요"라고 쓰여 있었습니다. 열 때도 조심스럽게 열게 되더군요. "나라 콜롬비아, 이름 루스." 제법 똘똘해 보이는 일곱 살 여자 아이의 사진과 간단한 신상명세서. 며칠 전 한 어린이 후원 단체에

후원 신청을 했더니 저와 인연을 맺게 된 아이의 자료가 온 것이네요. ”

　중요한 사진 자료? 봉투에 이렇게 쓰여 있는 편지가 온다면 여러분은 어떤 사진이 들어 있을 거라고 생각하실까요? 저는 잡지에 들어갈 중요한 사진이나 입사 지원서 등과 관련된 사진이 아닐까 짐작했습니다. 쿵! 저만의 틀에 갇힌 편견은 역시 보기 좋게 빗나갔습니다.

　자정이 다 된 시간, 회사 일을 마친 후 피곤한 몸을 이끌고 택시에 올라탔습니다. 그냥 자면서 갈까 고민하다가 MBC〈뉴스데스크〉앵커로 유명한 김주하 씨가 쓴 책《안녕하세요 김주하입니다》를 꺼내 들었습니다. 그러자 택시 기사께서 물어보십니다.

　"그 여자 누구예요?"

　"김주하 씬데요."

　"김주하? 김주하가 누군데요?"

　여러분은 이 대화를 듣고 무슨 생각을 하셨나요? 솔직히 말씀드리면, 저는 처음에 택시 기사님의 교양을 의심했습니다. '이분은 뉴스도 안 보나? 어떻게 국민 앵커로 불리는 김주하 씨를 모를 수 있을까' 하며 의아해했죠. 조금은 그분의 지식이나 교양 수준을 낮게 본 것 같습니다. 하지만 이 기사 분과 이런저런 이야기를 나누다가 제 편견이 얼마나 얄고 어리석은 것이었는지 알 수 있었습니다.

　이 분은 주로 야간 택시만 운행하시는 분이었습니다. 그래서 뉴스는 주로 라디오로 청취하고 계셨습니다. 김주하 씨를 텔레비전으로 볼 수 있는 기회가 없었겠죠. 김주하 씨 얼굴을 모른다는 건, 교양이

나 상식이 부족하다는 것을 나타내는 게 아니라 텔레비전도 볼 겨를 없이 일하는 택시 기사님의 열정을 나타내는지도 모릅니다.

제 고정관념은 또 실수를 저지르고 말았습니다. 어느 서점에서 강연회가 있던 날이었습니다. 강연이 끝나고 독자들께 사인을 해드리고 있었습니다. 어느 여학생 차례가 되었습니다. 그런데 그 학생은 아무 말 없이 "사인해주세요. 제 이름은 ○○○입니다"라는 글자가 써진 휴대전화를 내밀었습니다. 저는 참 수줍음이 많은 학생이라고 생각했죠. 며칠이 지난 후, 저는 그 친구와 메신저에서 이야기를 나누게 되었습니다. 그리고 그 학생이 조심스럽게 꺼낸 이야기에 저는 정말 숨고 싶었습니다. 너무도 부끄러웠습니다.

강연회 날, 그 친구가 휴대전화를 내민 이유는 수줍어서가 아니었습니다. 신체적인 이유로 말을 잘 못하는 어려움이 있기 때문이었습니다. 사람이 아무런 편견이나 고정관념 없이 다른 사람을 판단하는 것은 애초에 불가능한 일일지도 모릅니다. 그래서 정신병원에서 정상인으로 지내면서 실험한 재미있는 사례를 소개합니다.

"

1972년 10월, 정신과 의사를 찾은 한 남자.

"무슨 소리가 들리는데……공허하고 텅 빈, 그래요, 쿵 소리가 들려요!"

그는 그렇게 '쿵' 소리 하나로 정신병원에 입원하는 데 성공했다.

같은 시각, 대학원생·주부·화가·학자로 구성된 7명이 닷새 전부터 샤워·면도·양치질을 중단하고 각자 꾸며낸 증상으로 정신병원에 입원한다. 제정신으로 정신병원 들어가기?

실험의 주동자인 심리학자 데이비드 로젠한David Rosenhan은 정신병원에 들어가자마자 정상적으로 행동한다. 다른 환자들 돕기, 환자들에게 법적 조언 해주기, 그리고 글쓰기.

글쓰기를 본 의사가 말한다. "정신분열증이에요." 그의 글쓰기를 본 환자들. "지금 미친 척하고 병원 실태를 조사하고 있는 거죠?"

52일 만에 '일시적 정신 회복'으로 퇴원하여 밖에서 다시 모인 8명의 공범자는 입원하자마자 모두 정상적으로 생활했지만 정신분열증 7명, 조울증 1명이라는 진단을 받았다. 길게는 52일부터 짧게는 7일까지 입원 치료를 받고 처방전이 모두 다른 2100개의 알약을 모을 수 있었다. 그리고 1973년 〈정신병원에서 제정신으로 지내기On Being Sane Insane Places〉란 논문이 《사이언스》에 실렸다.

"인간의 정신 진단은 내면이 아닌 맥락 속에서 내려지며, 그런 진단이 엄청난 실수를 초래할 수 있다"라는 연구 결과와 함께.

정신의학계는 가짜 실험에 분노했고, 한 정신병원은 진짜 환자와 가짜 환자를 가려내 보겠다며 실험 팀에 도전장을 내밀었다.

석달 후 "실험 팀이 보낸 100명의 환자 중 91명의 가짜 환자를 찾아냈다"라는 정신병원의 발표! 하지만 심리학자는 단 한 명의 가짜 환자도 보낸 적이 없었다.

EBS 지식채널 e (《지식 e 2》, 북하우스)

사회심리학자 토머스 길로비치Thomas Gilovich(미국 코넬 대학교 교수)는 '편향 확증'이란 개념을 제시했습니다. 우리가 강하게 믿고 있는 것으로부터 너무나 쉽게 기만당할 수도 있다는 것을 경고한 겁니다. 실제로 사람들은 자신의 신념을 확증해주는 것들을 쉽게 발견하거나 찾고자 하는 경향이 있으며, 반대로 자신의 신념에 반하는 것은 무시하거나 덜 찾아보는 경향이 있다고 합니다.

그럼 다시 문제를 하나 내볼까요? 열이 나고 온몸이 두들겨 맞은 듯 욱신거리면 무슨 증상인가요? 맞습니다. 우리는 흔히 몸살감기라고 생각합니다. 그래서 감기약을 먹겠죠. 그래도 이 녀석이 도무지 낫지 않습니다. 병원에 가겠죠. 그러면 의사 선생님께서 뭐라고 말씀해주실까요? 예상과는 다르게 '치질'이라고 말씀해주실 겁니다. 치질의 초기 증상이 몸살감기와 비슷한데, 우리는 당연히 이것은 몸살감기라고만 생각하게 되죠. 그러는 사이에 항문은 곪아서 고름이 나오기 시작할지도 모릅니다.

편견이나 고정관념은 무지입니다. 그런데 우리는 '편향 확증'이라는 병(?)으로 인해 편견과 고정관념을 더욱 공고히 하려고 노력합니다. 버리고 다시 채워야 하는 이유입니다.

제가 겪은 한 가지 부끄러운 경험을 고백하며 마무리하겠습니다.

고등학교 때 일입니다. 종교에 관심이 없었던 저는 성당이나 교회에 다니는 여학생에게 사랑의 대상은 오직 예수님이나 하나님뿐이라서 그들과 연애를 해도 진심 어린 사랑을 받을 수 없다고 생각했습니다. 그리고 예수님과 하나님 이외의 남자와는 손도 안 잡는 줄 알았습니다. 부끄럽지만 당시에 저는 무지에 가까운 편견을 갖고 있었습니다. 사실 주일이 되면 하루 종일 교회나 성당에만 있는 여학생들 이야기를 들으면 제 생각이 맞는 것처럼 느껴지기도 했습니다. 그래서 친구가 성당에 다니는 예쁜 여학생을 소개해준다고 해도 다 거절했습니다. 사귀어도 손 한 번 못 잡아볼 거라는 안타까움(?)도 있었던 게 사실입니다. 그런데 어느 날 친구가 제게 소개해주려고 했던 여학생이 남자 친구가 생겼다는 겁니다. 그것도 같은 성당에 다니는 오빠라면서. 저는 그제야 흔히 말하는 '교회 오빠', '성당 오빠'의 존재를 알게 되었습니다. 그리고 여학생들과 그 오빠들이 연애하는 경우도 많다는 것까지(종교에 대해 어떤 가치평가를 하는 것이 아니라 저의 순진했던 경험을 고백하는 겁니다. 오해가 없길 바랍니다. 그리고 교회나 성당에서 만나 사랑을 시작하시는 분들은 늘 행복하시길 빌겠습니다).

Think outside box
• 현명한 판단을 위해서는 버리는 것도 중요하다.
• 편견과 고정관념은 지식도 교양도 아닌 무식이다.
• 마이크로트렌드에 관심을 가져라.
• 자신이 가진 편향 확증은 무엇인지 생각해보자.

블럭이 많아야만
멋진 작품을 만들 수 있다는 생각,
당연하지 않을 수 있습니다.

젊은이만이 범할 수 있는
가장 큰 죄악은 평범해지는 것이다.

__마사 그레이엄 (Martha Graham : 미국의 무용가)

당신을
다이아몬드로
만드는 방법

구글을 수학 공식으로 표현하면 어떻게 될까요? 구글에 입사하기 전에는 구글이라는 곳은 'Best'의 집합이라고 생각했습니다. 최고의 인재들이 모였으니 당연히 최고의 회사가 되었을 거라는 결론이었죠. 하지만 구글에서 일하면서 그런 제 생각이 부분이나 원소의 성질을 전체의 속성으로 보는 합성의 오류였음을 깨달았습니다. 구글에서 얻은 가장 소중한 경험 가운데 하나는 전 세계 다양한 국적과 인종의 사람들과 조화를 이루며 일한다는 겁니다.

이 거대한 기업을 자율적으로 움직이게 하는 힘, 그 중심에는 바로 다양성을 존중하는 문화가 있었습니다. 이 수많은 다양성이 창의적이고 혁신적인 서비스를 개발하는 에너지가 됩니다. 또 구글은 구글만의 자유로운 문화를 즐길 수 있는 인재를 원합니다. 아무리 능

내 안의 빛나는 가치 속으로 점점 다다르는 나를 믿습니다.

력이 뛰어나도 기업 문화가 자신과 맞지 않는다면 능력을 발휘하기가 쉽지 않을 겁니다. 그래서 구글은 단순한 'Best'의 합이 아니라 'Best'인 데다가 구글과 문화적으로 적합한 사람이 각자 가진 다양성과 시너지를 발휘한 결과라고 생각하게 되었습니다.

구글 뉴욕 지사에 출장 갔을 때 일입니다. 저는 구글과 파트너십을 맺고 있는 회사와 중요한 미팅을 하기로 했습니다. 참석자는 구글 뉴욕 지사에서 일하는 백인 남자 두 명, 저를 포함해서 한국에서 온 두 명, 그리고 파트너 회사에서 온 세 명이었습니다. 미팅이 끝나고 저는 구글 뉴욕 지사에서 일하는 동료에게 이렇게 말했습니다.

"제가 한국에서 왔다고 파트너 회사에서 일부러 동양계 직원을 보냈는지, 신기하게 동양계 미국인만 셋이 왔네요." 그러자 그 동료는 마치 새로운 사실을 발견한 것처럼 "정말 그러네요" 하고 대답했습니다. 저는 그 반응을 보고 갑자기 부끄러워졌습니다. 제 눈에는 그들이 동양계 미국인 셋으로 보였지만, 구글 뉴욕 지사에서 일하는 그에게는 그저 파트너 회사에서 온 직원 셋이 미팅에 참석한 것뿐이었던 거죠. 저는 아직 피부색이 먼저 눈에 띄는 '한국인'일 뿐인 것을 깨닫는 순간이었습니다.

세계적인 동영상 사이트 유튜브Youtube에 가면 귀여운 여자 아이가 백댄서처럼 옷을 입고 춤추는 동영상을 볼 수 있습니다. 어린아이의 춤 솜씨에 감탄이 절로 나옵니다. 동영상을 감상한 후 동영상 아래 써놓은 유저들의 댓글을 읽어봤습니다. 한국 유저들은 아이의

춤 솜씨를 칭찬합니다. 그리고 참 귀엽게 보이기도 합니다. 그런데 신기한 것은 외국 사람들의 반응입니다. 어린아이가 노출이 심한 옷을 입고 춤추는 동영상을 공개적으로 인터넷에 올린 것을 이해하기 어렵다는 반응을 보이기도 합니다. 그래서 다른 나라 사람들이 야한 옷을 입고 춤추고 있는 한국 어린이를 왜곡된 시선으로 볼까 봐 걱정하는 한국 유저의 글도 만날 수 있죠. 어떤 외국인은 "이 아이의 부모는 뇌가 없다"라는 표현도 서슴지 않았습니다. 저는 이 댓글을 읽으면서 우리가 정말 글로벌화된 세상에 살고 있음을 느꼈고, 한편으로는 다양성에 대해 생각해보게 되었습니다. 글로벌 시대는 그저 국가 간의 경계가 사라진다는 의미에 그치는 것이 아니라 같은 동영상을 보면서도 서로 다른 생각을 하는 '다양한' 사람들이 함께 살아가는 시대를 의미하는 거죠.

이날부터 제게 유튜브는 그저 동영상을 보고 즐기는 수준의 사이트를 넘어서서 다양성을 배우는 곳이 되었습니다. 유튜브에서는 한국뿐 아니라 미국·유럽·남미 등 다양한 나라의 다양한 동영상을 볼 수 있기 때문입니다. 그 동영상에는 그들의 문화와 생각이 담겨 있습니다. 그리고 저는 동영상을 보고 나면 꼭 댓글을 읽습니다. 다른 나라 친구들의 반응을 읽으면서 제가 느낀 것과 어떻게 다른지 비교도 해봅니다. 그러면 제가 미처 생각하지도 못한 새로운 관점과 생각도 자주 만나게 됩니다.

　다양성이란 어떤 것일까요? 저는 다양성의 진정한 의미에 대해 말해주는 멋진 작품을 만나게 되었습니다. 아르망 페르난데스 Armand Fernandes(프랑스 출신 조각가)의 〈모두를 위한 시간Time for all〉이라는 작품입니다. 이 작품을 함께 감상하면서 다양성의 의미에 대해 생각해봅시다. 정답이 있는 건 아니니 부담을 느낄 필요는 없습니다.

　시계가 마치 탑처럼 쌓여 있습니다. 그런데 참 이상합니다. 시계가 가리키는 시간이 모두 다릅니다. 이 사진을 찍은 작가는 과연 몇 시 몇 분에 사진을 찍었을까요? 어떤 시계가 정확한 시간을 가리키는지 알 수 없습니다. 시계의 본질은 지금이 몇 시인지 정확히 알려주는

것인데, 모든 시계의 시간이 다르니 도무지 지금이 몇 시 인지 알 수 없습니다.

　하지만 저 수많은 시계가 가리키는 시간은 모두 맞습 니다. 어떤 시계는 런던의 시간을 가리키고 있을 것이 고, 또 어떤 시계는 서울의 시간을 가리키고 있을 겁니 다. '모두 다르다. 하지만 모 두 맞다.' 이것이 바로 이 작

품이 말하고 싶은 거라고 생각합니다.

다양성도 바로 이런 겁니다. 모두 다른 서로의 차이를 인정하고, 그 차이에 대해 맞거나 틀리다는 판단을 하지 않는 겁니다. 하지만 우리는 나와 다르면 틀리다고 생각합니다. 그저 다를 뿐인데 말이죠. 어쩌면 '다르다'와 '틀리다'의 의미조차 잘못 사용하고 있는지도 모릅니다. 어떤 음식을 먹을 때 "이건 예전에 먹어본 것과 맛이 다르다"라고 표현해야 하지만, 흔히 "이건 예전에 먹어본 것과 맛이 틀리다"라고 말하곤 하죠.

물론 이 작품을 보면서 저와 다른 생각을 하셨을 수도 있고, 시계만 붙여놓은 것이 무슨 작품이냐고 의문을 가지는 분도 있을 겁니다. 하지만 저는 여러분의 감상이 틀렸다고 생각하지 않습니다. 그저 저와 다를 뿐입니다. 여러분과 다른 사람 사이에 존재하는 것은 무엇일까요? 그것은 바로 차이입니다.

차이가 존중되지 않는 사회에서 창의성을 기대하기는 어렵습니다. 그런데 미래의 핵심 경쟁력은 창의력이라고 합니다. 나와 다른 사람의 차이를 존중하는 것. 이것은 글로벌 인재가 되기 위한 기본 조건이자 핵심 경쟁력입니다. 하지만 저는 좀 더 적극적인 방법을 제안하고 싶습니다. 다양성을 존중하는 가장 좋은 방법은 바로 우리가 다양성의 일부가 되는 겁니다. 그러면 나의 다양성을 존중받기 위해서라도 다른 이들의 다양성을 존중해야 하니까요. 하지만 우리의 교육은 'Different'보다는 'Better'에 맞춰져 있는 것 같아 안타깝습니다. 'Different'가 곧 'Better'가 되는 세상에 살고 있는

데 말이죠. 모두를 좀 더 낮게 만들려고 하는 교육보다는 각자가 가진 다양성이 가장 잘 발휘될 수 있도록 하는 교육으로 바뀌기를 기대해봅니다.

> 고교 내신 14등급, 모 지방대에 응시했다가 떨어졌던 김민성(29) 씨. 그는 요즘 영국의 명문名門 요크대 컴퓨터공학과 박사 과정에서 새로운 컴퓨터 프로그래밍언어를 만드는 데 푹 빠져 있다. 내년이면 박사 학위도 딴다. 인생이 180도 달라진 사연은 이렇다. 고교 시절 '방황'으로 성적이 엉망이 된 그는 뒤늦게 정신을 차렸지만 옴짝달싹도 할 수가 없었다. 획일화된 입시 제도 속에서 이미 '꼴찌', '2류 인생'의 딱지가 붙었기 때문이다. 고교 졸업 후 입대한 그는 제대한 뒤 영국으로 떠났다.
>
> "어학연수라도 하며 숨통 좀 열고 싶었어요. 그런데 공부에 조금씩 재미가 붙더라고요. 영어가 문법 외우는 짜증 나는 과목이 아니란 걸 그때 처음 깨달았어요." 10개월 연수가 끝난 뒤 그는 뉴캐슬의 노섬브리아 대학 컴퓨터학과에 합격했다. "군대에서 행정병으로 컴퓨터를 만진 게 전부였는데 노섬브리아 대학은 그것도 경력으로 인정해줬지요. 아마 제 컴퓨터 실력보다는 제가 컴퓨터를 진짜 공부하고 싶어 한다는 점을 높이 평가했던 것 같아요." 그는 3년 과정을 2년 만에 졸업했다. 두 과목을 빼고는 모두 A 학점이었다. 요크대로 옮겨 박사 과정을 밟고 있는 그는 이렇게 말했다. "사람들의 창의성이 어떨 때 발휘되는지 이제 알겠어요. 모든 사람은 자기만의 장기가 하나씩 있고 그걸 찾았을 때 행복하죠."
>
> 이인열, 이혜운 기자 (《조선일보》, 2008년 3월 8일)

국내 최고의 인재들이 모인 카이스트에서 공부하는 한 학생에게서 이런 이야기를 들었습니다.

"○○과 학생의 90퍼센트는 꿈이 의사라고 합니다. 그래서 모두 의학 전문 대학원 시험을 준비하고 있죠. 원래 그 과는 의사가 되라고 만들어놓은 과는 아니거든요. 새로운 연구나 도전보다는 안정된 직업을 갖고 편하게 사는 인생을 택하는 것 같아 안타까워요."

카이스트에서 강연할 기회가 생겼을 때, 저는 학생들에게 감히 이런 말을 했습니다.

"여러분은 100명 중 90명의 꿈이 같은 세상을 믿으시나요? 자유롭게 꿈꿀 수 있고, 다양한 생각이 존재할 수 있는 민주주의 사회에서, 90퍼센트의 꿈이 같은 세상을 믿으시나요? 저는 얼마 전에 카이스트 ○○과 학생 중 90퍼센트의 꿈이 의사가 되는 것이라는 이야기를 전해 듣고 참 마음이 아팠습니다. 저 같은 월급쟁이가 열심히 세금을 내는 이유는 여러분이 의사가 되길 원하기 때문이 아닙니다. 여러분 같은 인재가 남과 다른 꿈을 꾸면, 세상도 달라집니다."

엔씨소프트 김택진 사장님은 서울공대를 방문하고 무척 안타까웠다고 합니다. 자신이 학교 다닐 때는 그래도 꿈이라는 게 있었는데, 요즘 이공계는 의대냐 아니냐만 있는 것 같다면서요. 그래서 대학 후배들에게 너무 모범생으로 살지 말고, 남이 좋다고 하는 방식으로 살지 말고, 네 인생을 네가 살아보라고 말하고 싶다고 했습니다.

저는 강연회에서 점묘화에 대한 이야기를 하곤 합니다. 오른쪽에 보이는 그림은 쇠라Georges Seurat(프랑스의 화가)의 〈아니에르의 물놀

이〉(1884, 캔버스에 유채)라는 작품입니다. 점을 찍어 그린 점묘화죠. 그리고 말을 이어갑니다.

"여러분, 이 그림은 점으로 이루어져 있습니다. 우리가 사는 세상이 마치 점묘화와 같다고 가정해봅시다. 그렇다면 이 세상이라는 점묘화는 여러분이라는 점들이 모여서 이루어질 겁니다. 그런데 만약 여러분이 가진 점의 색깔이 모두 같다면 어떻게 될까요? 네, 그림이 그려질 수 없습니다. 모든 점의 색깔이 같은 점묘화는 없을 테니까요. 여러분이 세상이라는 점묘화의 중요한 일부를 이루려면 남들과는 차별화된 나만의 색깔을 가져야 합니다. 그러면 여러분은 그림 같은 인생을 살 수 있습니다."

다이아몬드 원석은 그저 아주 단단한 돌에 불과합니다. 보석 세공을 통해서 가치가 높아지죠. 보석 세공은 보석의 단면을 깎을 때 볼록한 형태로 깎거나, 평평한 형태로 깎거나, 오목한 형태로 깎는 것으로 나눌 수 있습니다. 이 중에서 가장 쉬운 것은 볼록한 형태로 깎는 것이라고 합니다. 이때 빛은 표면에 닿자마자 보석 안으로 굴절됩니다. 볼록한 형태는 들어가는 빛보다 보석 외부로 반사되어 나가는 양이 더 많아 별로 빛나지 않습니다. 오목한 형태는 가장 깎기 어려운 고난도 기술인데, 보석 안으로 굴절되어 들어가는 빛이 반사되는 빛보다 더 많기 때문에 더 밝은 빛을 냅니다. 굴절되어 안으로 들어간 빛이 내부에서 계속 돌다가 바깥으로 다시 나가게 되는 거죠. 오목형 다이아몬드는 빛이 내부에서 어느 정도 머물다가 나가기 때문에 보통 다이아몬드보다 훨씬 비싸다고 합니다. 다양한 문화, 다양한 생각, 다양한 경험 등을 내 것과 다르다고 해서 반사해버리지 말고, 존중하고 받아들이세요. 그리고 그 다양성을 통해 자신의 다양성을 더 개발해서 더 밝은 빛으로 다른 이들에게 비춰주세요. 그러면 여러분이 바로 가장 빛나는 다이아몬드가 되는 겁니다.

Think outside box
- 다양성을 존중하는 것은 글로벌 인재의 조건이다.
- 유튜브의 동영상을 본 후 댓글을 보면서 나와의 '차이'를 비교해보자.
- 무엇이 같은가 하는 물음에서 무엇이 다른가 하는 물음을 갖는다.
- 다양성을 인정하는 것이 다양성을 존중하는 가장 적극적인 방법이다.
- 다양성을 존중하면 빛나는 다이아몬드가 될 수 있다.

Google = Best + Best + Best......

Google = Best × Fit × Different

사물에 대한 관점을 바꾼다면
모든 일이 즐거워질 것이다.

＿데일 카네기 (Dale Carnegie : 미국의 경영 컨설턴트)

N⁰ 06

바꾸고, 뒤집고, 이동하고, 비틀어라

　모 휴대전화 회사가 '가로 본능'이라는 콘셉트로 광고를 했습니다. 처음 그 광고를 보고는 제 자신도 미처 깨닫지 못한 인간의 '가로 본능'을 재발견하는 기쁨에 감탄사를 연발했죠. 생각해보니 우리에게는 정말 가로 본능이 있었습니다. 아이디어가 정말 멋집니다. 하지만 우리에게 세로 본능은 없을까요? 사과를 반으로 쪼갤 때 위에서 아래로 쪼개듯, 우리에게는 세로 본능도 있습니다. 하지만 방송에서, 광고에서, '이것이다'라고 말하면 그대로 믿어버리곤 합니다. 10년 전 제가 고등학생이었을 때 토론 동아리를 이끌고 있었습니다. 이 동아리는 1년에 한 번씩 신문을 만드는데, 저는 그때 《먼 나라, 이웃 나라》의 저자이신 이원복 교수님과 인터뷰한 내용을 신문에 실었습니다. 인터뷰를 마칠 때쯤, 저는 교수님께 고등학생들에

게 마지막으로 한마디 해주시라고 청했습니다. 저는 다른 어른들이 그렇듯이, '최선을 다해라. 노력해라. 꿈과 포부를 가져라. 열심히 공부해라' 등의 말씀을 하실 거라 예상하고 있었습니다. 그런데 이원복 교수님은 "광고를 보고도 사지 않을 수 있는 고등학생이 되세요"라며 제 생각에 '쿵' 하고 충격을 주셨습니다. 맞습니다. 우리는 너무 쉽게 믿고, 쉽게 따라갑니다. 그렇지 않을 수도 있는데, 다른 방법으로 생각할 수도 있는데도 다수가(특히 방송에서) 그렇다고 하면 고개를 끄덕이죠.

따뜻한 실내에서 창을 향해 입김을 불면 금세 김이 서리는 참 추운 겨울이었습니다. 청계천이 내려다보이는 커피숍에 앉아 있던 저는 심심해서 창문을 향해 입김을 불었습니다. 마치 흰 종이에 잉크가 퍼지듯이, 하얀 입김이 유리를 타고 창밖의 풍경을 희미하게 만들었습니다. 그리고 본능처럼 유리에 서려 있는 입김 위로 무언가 쓰기 시작했습니다. 마치 사랑하는 사람을 그리워하듯, 익숙한 이름도 써보고 재미있는 낙서도 해보았습니다.

그러다 무심코 그린 하트. 사랑이 깨졌을 때를 상징하는 하트가 그렇듯, 저도 수직 방향으로 하트를 둘로 나눴습니다. 마치 세로 본능을 따라간 것처럼. 그런데 왜 하트는 수직으로만 갈라질까 하는 생각에 다시 옆으로도 그었습니다. 그리고 수직으로 갈라진 하트와 수평으로 갈라진 하트 사이에 어떤 차이가 있을까 생각해봤습니다.

여러분이 지금 취업하려고 모 회사의 인터뷰를 보고 있다고 가정

해봅시다. 그런데 면접 질문이 뜬금없이 이렇게 날아옵니다. "당신 눈앞에 수직으로 갈라진 하트와 수평으로 갈라진 하트가 있습니다. 이 두 개가 어떻게 다른지 의미를 부여해서 설명해보세요."

여러분의 창의성을 평가하려고 이런 질문을 던질지도 모릅니다. 이런 질문은 취업 스터디를 해왔다고 하더라도 준비하기 쉽지 않죠. 예상 질문에 없었을 테니까요. 이런 질문에 순발력 있게 대처하려면 얼마나 머리가 말랑말랑하느냐가 중요한 것 같습니다. 여러분이 이런 질문을 받았다고 생각하고 한번 고민해보시기 바랍니다.

저는 커피숍 창문에 이 그림을 그린 후 이런 생각을 해봤습니다.

'수직으로 갈라진 하트는 진짜 사랑했던 연인의 이별은 아닌 것 같습니다. 서로 다른 남녀가 사랑을 통해 하나가 됐지만, 헤어지고 나서는 다시 너와 나로 갈라지고 말았죠. 하지만 수평으로 갈라지는 하트는 진짜 사랑한 사람들의 이별을 나타내는 것 같습니다. 비록 안타깝게 헤어졌지만 한 사람의 몸에는 아직 다른 한 사람의 반이 여전히 남아 있으니까요.'

여러분은 어떻게 의미를 부여했나요? 제 생각과 다른 여러분만의 해석이 무척 궁금합니다. 그 차이에 바로 창의성이 존재할 테니까요.

어떤 회사의 디자이너 구인 게시물에 이런 글이 있었다고 합니다.

질문: 거기는 내부적으로 경쟁이 치열해서 안 좋다던데요?

답변: 경쟁이 아니라 스스로 느끼는 부담이겠죠. 천만 명이 넘는 사용자를 위한 서비스는 그 누구도 부담 없이 할 수 없습니다. 물론 우리는 모든 직원이 아니라 잘하는 소수에게 최고의 보상을 합니다. 혹시 저희 회사 소속 디자이너가 그런 소리를 했나요? 그렇다면 먼저 그분의 디자인 실력을 확인해보세요.

부정적인 질문을 긍정적인 관점으로 바꾸는 정말 명쾌한 답변입니다. 바로 우리에게 필요한 자세입니다.

천재들의 모임인 멘사에서는 낙서와 연상 작용을 겸한 훈련을 즐긴다고 합니다. 여러 사람이 모인 가운데 한 사람이 어떤 선을 그리면 다른 사람이 그 선에 다른 형태의 선을 덧붙이는 거죠. 여러 사람이 그걸 반복하면 아무도 예상하지 못한 이미지가 탄생합니다. 우리는 어떤 선을 그을 때 나름의 논리와 이유를 갖고 시작합니다. 하지만 '논리'와 '이유'를 버리면 전혀 예상하지 못한 이미지가 나타나고, 그 이미지를 통해 새로운 이미지를 탄생시킬 수 있죠. 멘사의 이런 훈련은 천재들만이 할 수 있는 훈련이라기보다는 여러 사람이 한 개인이 가진 논리를 파괴함으로써 새로운 것을 창조하는 '창조적 파괴'의 한 방법이라고 생각합니다. 그렇다면 아이들의 낙서는 정말 훌륭한 창의력 훈련이 될 수 있는 거죠. 하지만 우리는 자유롭게 낙서하기가 어려웠습니다. 부모님이나 선생님께 혼나기 일쑤였죠. 그분들의 눈에 우리의 낙서는 '사회적으로 익숙한 논리'가 없었기 때문입니다.

다음은 2006 칸 광고제 수상작인 아르헨티나 선거 광고입니다. 위에서 아래로 읽으면 비관적인 이야기입니다. 하지만 맨 아래에서부터 위로 읽어나가면 새로운 희망을 볼 수 있습니다.

This is the truth.

If we turn things upside down

We can't be the best country in the world

I would be lying to you if I said that Argentina has a great future ahead

that we will be a safe country.

That our economy strong

That our children will be healthy, get an education and have jobs

Before anything you must know

our country does not deserve such things

and I am convinced of this because I know the Argentina people

corruption and hypocrisy are in our nature

I refuse to believe under any circumstances that

we could be a great country in the coming years

thanks to the people's votes

this country is sinking to new depths but

there are even more surprises to come

Argentina has only one destiny

And whether we like it or not

this is what is real

Lepez Murphy for present

다음은 위에서 아래로 내려가며 읽을 때의 번역 내용입니다.

이것은 진실입니다.

우리가 현실을 뒤집는다면

우리는 세계 최고의 나라가 될 수 없습니다.

이런 말을 한다면 거짓이겠죠.

아르헨티나의 미래는 찬란하고

안전한 나라가 될 것이며

우리 경제는 부강해지고

우리 아이들은 건강하게 자라 교육을 받고

직업을 얻을 것이라고 말한다면

무엇보다 여러분이 알아야만 하는 것은

우리나라는 그런 것을 누릴 자격이 없다는 것입니다.

제가 그렇게 확신하는 것은 우리 아르헨티나 국민들에겐

선천적으로 부패와 위선이 심어져 있기 때문입니다.

저는 어떤 상황에서도

몇 년 안에 우리가 위대한 나라가 되리라고 믿을 수 없습니다.

국민들이 던진 표 덕분에

이 나라는 또 다른 나락으로 떨어지고 있지만

앞으로도 놀랄 일이 더 남아 있습니다.

아르헨티나에 남은 운명은 하나뿐입니다.

그리고 좋든 싫든

그것이 사실입니다.

그러면 이번에는 영문을 맨 아래에서 위로 읽어나갈 때의 내용을 살펴봅시다.

사실은 이렇습니다.

그리고 좋든 싫든

아르헨티나에 남은 운명은 하나뿐입니다.

앞으로도 놀랄 일이 더 남아 있습니다.

이 나라는 또 다른 나락으로 떨어지고 있지만

국민들이 던진 표 덕분에

몇 년 안에 우리가 위대한 나라가 되리라고 믿을 수 있습니다.

저는 어떤 상황에서도

부패와 위선이 우리의 본성이라는 것을 믿지 않습니다.

제가 그렇게 확신하는 것은 아르헨티나 국민들을 알기 때문입니다.

우리나라는 그런 부패와 위선에 맞지 않습니다.

무엇보다 여러분이 알아야만 하는 것은

우리 아이들은 건강하게 자라 교육을 받고

직업을 얻을 것이며

우리 경제는 부강해질 것이고

우리는 안전한 나라가 될 것이라는 것입니다.

아르헨티나의 미래는 찬란합니다.

만약 여러분에게 우리나라가

세계 최고의 나라가 될 수 없다고 말한다면

그것은 거짓말일 것입니다.

우리가 현실을 뒤집는다면

이것은 진실입니다.

어떠신가요? 우리가 대상을 바라볼 때, 얼마나 고정된 시선으로 바라보고 사는지 느껴지시나요?

열린 마음으로 세상을, 사람을, 사물을 대하고 느끼는 자세, 우리에게 반드시 필요합니다.

　이 그림은 김재홍 화가가 그린 〈기도하는 모자상〉입니다. 바위가 동강에 비친 모습이 은은하게 느껴집니다. 참 잘 그렸죠? 그러면 이제 책을 오른쪽으로 90도 돌려서 감상해봅시다. 무엇이 보이시나요? 손을 모으고 있는 어머니와 아이의 모습이 나타납니다. 같은 그림이라도 관점을 바꿔서 보면 마치 두 개의 작품을 감상한 것 같은 경험을 얻을 수 있는 거죠.

　누구에게나 24시간, 365일이 주어집니다. 하지만 우리는 같은 시간을 살면서도 두 배의 경험을 하고 살 수 있습니다. 남들과 다른 관점에서 사물과 현상을 보면, 더 깊게 많이 느끼면서 살 수 있으니까요. 남들처럼 1년을 사는 것 같지만, 가슴속에는 2년의 경험이 쌓여갑니다. 평균수명이 급격히 늘어나면서 우리나라가 곧 세계에서 가장 노령화된 국가가 될 거라고 합니다. 수명이 연장되는 것만큼 중요한 것은 '문화적 수명'도 함께 늘어나게 하는 겁니다. 그러려면 같은 것을 보고 경험하더라도 남들보다 많이, 다양하게 느끼는 게 중요합니다. 과감하게 다른 방향으로 선을 그어봅시다. 물구나무서서 세상을 바라보고, 멀쩡하게 서 있는 물체를 눕혀봅시다. 보는 방향을 바꾸면 새로운 세상이 보입니다.

Think outside box

- 논리적으로만 해야 한다는 생각을 버려보자.
- 집단의 논리를 다른 개인의 논리로 파괴해보자.
- 낙서도 창조다.
- 익숙한 방향을 틀어보자. 돌리고, 뒤집고, 비틀어라.

내게 옷을 팔려 하지 말고,
매혹적인 외모에 대한 기대를
팔아주세요.
내게 장난감을 팔려 하지 말고,
내 아이들이 즐거워하는 모습을
팔아주세요.
내게 물건을 팔려 하지 마세요.
그 대신 꿈과 느낌과 자부심과
일상의 행복을 팔아주세요.
제발 내게 물건을 팔려고 하지 마세요.

__마이클 르뵈프 (Michael LeBoeuf : 비즈니스 컨설턴트)

새로운
의미를
부여하라

구글 직원들이 한자리에 모이는 2008 글로벌 컨퍼런스가 호주 시
드니에서 열렸습니다. 하루 먼저 시드니에 도착한 저는 회사 팀원들
과 함께 점심을 먹으러 나갔습니다. 제가 묵고 있던 호텔 앞에는 작
은 공원이 있었고, 그 공원 입구에 레스토랑이 있어서 들어갔습니
다. 허기진 탓에 남들보다 빨리 음식을 먹은 저는, 의자에 등을 기댄
채 포만감을 느끼며 레스토랑 안을 둘러봤습니다.

그리고 깜짝 놀랐습니다. 제가 맛있게 음식을 먹고 있던 곳은 예
전에 공중 화장실로 쓰이던 곳이었습니다. 아직도 예전 화장실 모습
이 그대로 보존되어 있었고, 그 화장실은 주방과 연결되어 있었습니
다. 공중 화장실을 개조해 레스토랑으로 만든 그들의 발상에 대한
놀라움은 쉽게 사라지지 않았습니다. 저처럼 배고팠던 여행객에게

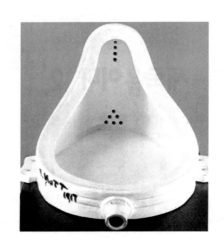

우리 눈에 보이는 것이
전부는 아닙니다.
내면에 숨겨진,
쉽게 볼 수 없는 것에 대해
우리는 끊임없이 생각하고
고민해야 합니다.

맛있는 음식뿐 아니라 화장실에서 음식을 먹는 색다른 경험을 선물한 셈이죠. 후에 알았는데, 그 레스토랑은 시드니를 여행하는 사람들에게는 나름대로 유명한 곳이라고 합니다. 그리고 자연스럽게 마르셀 뒤샹Marcel Duchamp(프랑스의 화가)의 〈샘〉이라는 작품이 생각났습니다.

1917년 마르셀 뒤샹은 변기를 구입해 사인한 후 〈샘〉이라는 제목을 붙였습니다. 어떤 시각으로 보느냐에 따라 같은 대상도 다른 의미로 받아들여질 수 있다는 것을 보여주고 싶었나 봅니다. 어쩌면 황당한 작품 덕분에 우리는 무심코 지나칠 법한 대상에 새로운 의미를 부여하는 색다른 경험을 하는 기회를 얻을 수 있습니다. 2004년 올해의 터너상 시상식에 모인 미술 전문가 500여 명은 이 작품을 가장 영향력 있는 현대미술 작품 1위로 선정했습니다. 예상과 달리 파블로 피카소Pablo Picasso(에스파냐의 화가)의 〈아비뇽의 처녀들〉과 〈게르니카〉는 2위와 4위에 그쳤고, 3위는 앤디 워홀Andy Warhol(미국의 화가)의 팝아트 〈마릴린 먼로〉, 5위는 앙리 마티스Henri Matisse(프랑스의 화가)의 〈붉은 화실〉이 차지했다고 하네요. 〈샘〉은 단순히 예술 작품에 머무는 것이 아니라 사람들의 관점이나 생각에 대한 통찰력을 제시하는 '철학적 샘'으로 살아 있는 것 같습니다. 하지만 뒤샹이 앙데팡당전에 〈샘〉을 무트R. Mutt라는 가명으로 출품했을 때, 난감해진 심사 위원들은 전시회 내내 이 작품을 전시장 칸막이 뒤에 방치해두었다고 합니다.

뒤샹은 손으로 만드는 수공적 기술이 아닌, 선택하는 정신적 행위가 예술의 본질이라고 생각했습니다. 우리는 소변기가 불결한 것이므로 아름다움을 추구하는 예술 작품이 될 수 없다고 생각하기 쉽습니다. 그러나 소변기를 소변기라고 생각하지 말고 단순한 조형물로 한번 생각해봅시다. 즉, 물건의 용도를 따지지 말고 그 형태에 주목해보자는 말이죠. 그렇게 보면, 소변기는 아주 매끈한 표면과 부드럽고 기하학적인 곡선을 지닌 하나의 오브제가 됩니다. 보는 이에 따라서는 그것을 아름답다고 생각할 수도 있을 겁니다. 우리가 사물의 용도가 아닌 형태에 주목한다면, 예술 작품이 굳이 창작물일 필요는 없습니다. 어떤 물건이든 '선택'하여 의미를 부여하는 순간 그것은 '물건'에서 예술 작품으로 존재론적 변화를 겪게 된다는 겁니다. 예술에 대한 정의의 모호함은 현대미술의 발달에 따라 더 심해지고 있는데, 그러다 보니 다음과 같은 웃지 못할 일이 벌어지기도 합니다.

서울 서대문 경찰서는 13일 대학 캠퍼스 안의 조형미술 작품을 고철 덩어리로 잘못 알고 고물상에 팔아넘긴 혐의(특수절도)로 인부 조 모(39, 무직) 씨 등 2명을 구속하였다. 조 씨는 11일 오후 6시 10분쯤 ○○여대 운동장에서 철제 조각품 5점(학교 측은 시가 3000만 원 주장)을 타이탄 트럭에 싣고 나가 인근 고물상에 2만 1500원을 받고 팔았다는 것이다. 조 씨는 12일 오전에도 용접기를 준비해 "고철을 주우러 가자"라며 친구 도 모(39) 씨와 ○○여대에 들어가 전날 미처 가져가지 못한 다른 대형 철제 조각품 2점을 절단하다 미술학과 대학원생의 신고로 경찰에 붙잡혔다. 조 씨는 경찰에서 "학교 측이 귀찮아 처리하지 않은 줄 알았다"라며 "고철 덩어리가 미술 작품이라니 믿을 수 없다"라고 말했다. 훼손된 조각품들은 이 학교 예술대 미술학과 김 모(48) 교수의 작품이다. 김 교수는 "다음 달 김포의 야외 작업실로 옮기려던 차에 어처구니없는 일이 생겼다"라며 "5점은 되찾았으나 절단한 2점은 3000만 원에서 4000만 원의 피해가 예상된다. 무지로 인해 저질러진 일이니만큼 보상을 원하지는 않지만 조 씨 등을 보수 작업에 참여시켜 작품 활동의 의미를 일깨워 줄 계획"이라고 말했다.

한양대학교 논술 (수시2_2006) 지문

뉴욕의 청년 저스틴 기그낵Justin Gignac은 뒤샹이 전하려고 하는 의미를 가장 잘 이해한 사람 가운데 하나인 것 같습니다. 그는 뉴욕의 쓰레기를 쓰레기가 아니라 하나의 '문화적 상징'으로 바라봤습니다. 뉴욕 양키스에 관심 있는 사람에게는 야구장에서 주운 입장권이나 종이컵을 담아서 보내고, 복권 · 지하철 티켓 · 브로드웨이 입장권 · 종이컵 · 영수증 · 사탕 봉지 등을 포장해서 전 세계 사람들에게 팔았다고 합니다. 그의 말에 따르면 지금까지 미국 42개 주와 세계 19개국에 뉴욕의 쓰레기가 팔렸다고 합니다. 언론은 저스틴 기그낵을 미국판 봉이 김선달이라고 부릅니다. 관광객들에게 그것은 단순히 쓰레기가 아니라 뉴욕의 문화가 담겨 있는 하나의 기념품이 되었을 겁니다.

어떤 사물에 남들이 생각하지 못한 새로운 의미를 먼저 부여하고, 다른 사람들이 그 의미에 공감하면서 쓰레기는 멋진 상품으로 태어났습니다. 처음에는 운송비를 포함해 개당 10달러에 팔았는데 현재 가격은 50달러로 크게 올랐다고 합니다. 뉴욕시에서 쏟아지는 하루 쓰레기양은 무려 1180만 킬로그램이라고 하니 이보다 멋진 사업 아이템은 없을 것 같습니다. 이 청년이 억만장자가 되는 것은 시간문제겠군요. 억지스러운, 또는 말도 안 되는 상품이라고 평가절하 하고 싶을 만큼 샘도 납니다. 그가 부럽기 때문이겠죠. 하지만 우리와 이 청년의 차이는 쓰레기를 바라보는 관점의 차이뿐입니다. 우리에게는 왜 쓰레기에 새로운 의미를 부여하는 '생각의 눈'이 없을까요?

사실 쓰레기는 훌륭한 예술 작품이 되기도 합니다. 위키백과는 "쓰레기란 필요 없다고 여겨지며, 그리하여 버리게 되는 것을 칭한다"라고 정의하고 있습니다. 그렇다면 작품에 사용된 쓰레기는 더 이상 쓰레기가 아니겠군요.

대상을 새로운 관점으로 바라보면 다른 의미로 다가온다는 것은, 비단 어떤 사물에만 적용되는 논리는 아닌 것 같습니다. 일도 마찬가지겠죠. 직장인들은 이른바 '일요병'에 걸리곤 합니다. '일요병'이란 꿀맛 같은 연휴를 보내고 이튿날 출근해야 한다는 사실 때문에 우울해지는 현상을 말합니다. 일을 그저 '일'로 바라보는 이들에게 '일요병'은 불치병 같은 겁니다. 제가 구글에서 일하면서 주말에 일하는 것도 즐겁다고 하면 사람들은 믿지 않습니다. 월요일이 되어

출근한다는 것이 설렌다고 말해도 잘 믿어주지 않으시죠. 일을 놀이처럼 즐겁고 재미있는 것이라고 여기는 저의 시선과 일을 '일'로 느끼는 분들의 차이라고 생각합니다.

김덕수 사물놀이패의 김덕수 씨가 아래와 같은 질문을 받은 적이 있다고 합니다.

"평생 그렇게 치면 신물이 날 법도 한데요?"
"어려서는 모르고 친 것이었고, 20대에는 무쇠도 삶아 먹을 만한 기운으로 쳤지요. 스물여섯 살 때 '사물놀이'를 만들었어요. 하지만 얼마 안가 악(樂)의 벽에 부딪혔지요. 그 절망적 느낌은 다른 사람들에게는 설명이 잘 안 돼요. 그때는 공연을 도중에 중단하거나, 무대에서 내려와 다시는 안 하겠다며 장구채를 부러뜨린 적이 있었고요. 30대 중반을 넘어서자, 이 세계에 대해 좀 깨달음이 있었습니다. 이를 일이라고 생각하지 마라. 그냥 내 업(業)이고 놀이로 여기라는 거죠."

마이클 르뵈프가 쓴 《평생 고객으로 만드는 방법How to win customers and keep them for life》이란 책에 이런 말이 나옵니다.

"내게 옷을 팔려 하지 말고, 매혹적인 외모에 대한 기대를 팔아주세요. 내게 장난감을 팔려 하지 말고, 내 아이들이 즐거워하는 모습을 팔아주세요. 내게 물건을 팔려 하지 마세요. 그 대신 꿈과 느낌과 자부심과 일상의 행복을 팔아주세요. 제발 내게 물건을 팔려고 하지 마세요."

이렇게 한번 바꿔보는 건 어떨까요?

"쓰레기를 팔지 말고, 뉴욕의 문화를 팔아주세요. 버려진 야구장 입장권을 팔지 말고 뉴욕 양키스 야구팀에 대한 열정을 팔아주세요. 책을 팔지 말고, 움직이는 열정과 새로운 관점이 가져다줄 희망을 팔아주세요."

Think outside box
• 새로운 의미를 부여하면 새롭게 태어난다.
• 대상의 핵심 속성을 잊어라. 변기는 볼일을 보는 용도가 아니라고 생각하라.

DISPOSABLE, JUST ANOTHER WORD FOR GARBAGE

새로운 의미를 부여하세요.
다시 태어납니다.

가난을 걱정하는 것이 아니라
고르지 못함을 걱정한다(不患貧而患不均).

__공자 (孔子 : 중국의 사상가)

당신도
8등신이
될 수 있다

여러분도 8등신이 되고 싶으시죠? 길을 가다가 8등신 미녀를 보면 저절로 눈이 돌아가고 부러운 마음이 듭니다. 저도 8등신이 되고 싶었습니다. 하지만 우리나라 사람 대부분이 그렇듯이, 부모님 덕분에 일찌감치 8등신 몸매가 되는 것은 포기했습니다. 하지만 미련이 남았죠. 그래서 다른 방법으로 8등신이 될 수 없을까 고민하다가 방법을 하나 찾았습니다. 바로 생각을 8등신으로 만드는 거죠.

8등신의 핵심 요소는 무엇일까요? 그것은 섹시함도 에스라인도 아닌 '균형'이라고 생각합니다. 8등신은 가장 균형 잡힌 신체적 비례를 나타내기 때문입니다. 그렇다면 우리의 생각을 8등신으로 만들려면 어떻게 하면 될까요? 바로 균형 잡힌 생각을 하려고 노력하는 겁니다. 여러분이 균형 잡힌 생각을 할 수 있다면, 그것이 바로

그러나

우리 모두의 내면에는 8등신이 있다.

누구나 8등신일 수는 없다.

생각의 8등신인 겁니다.

　지하철을 안 타본 사람은 지하철 요금이 얼마인지 잘 모릅니다. 지하철 안의 풍경이 어떤지도 알 수 없겠죠. 버스도 마찬가지입니다. 얼마 전 정몽준 의원의 '버스 요금 사건'이 화젯거리가 됐습니다. 현역 의원 중에서 최고 부자인, 아니 대한민국에서 손꼽히는 부자인 그가 버스 요금이 얼마인지 모르는 건 어쩌면 당연한 일인지도 모릅니다. 국민 중에는 정몽준 의원처럼 부자도 있겠지만, 날마다 버스를 이용해야만 하는 서민이 훨씬 더 많습니다. 그리고 정몽준 의원은 국민을 위해 정책을 입안하는 일을 해야 하는 사람이죠. 중요한 것은 그가 버스 요금이 얼마인지 정확히 모른다는 게 아니라, 국회의원으로서 저마다 서로 다른 형태의 정책을 원하는 국민들의 복잡한 요구를 '균형 있게' 반영할 수 있느냐는 점입니다. 균형 잡힌 정책은 균형 잡힌 관점에서 시작될 테니까요. 성장과 분배와 관련된 경제문제도 결국은 어떻게 둘 사이에 균형을 맞춰나갈 것이냐에 달려 있는 것 같습니다.

　어떤 사람은 미국의 부시 대통령을 평화를 위해 전쟁을 하는 사람이라고 합니다. 한편 어떤 사람은 부시 대통령은 '전쟁광'일 뿐이라고 비판하죠. 한 사람을 보면서도 반대되는 의견을 갖는 것이 바로 사람입니다. 이런 사람들의 인식을 이용해서 기막힌 광고가 만들어집니다. 영어 단어 'Peace(평화)'와 'War(전쟁)'로 부시 대통령의 얼굴

을 만들었습니다. 오른쪽 아래에는 이렇게 써 있네요. "Get both sides. Veja magazine." 진보 대 보수, 찬성 대 반대 등 균형 잡힌 관점을 보여주는 매거진이라고 광고하고 있습니다. 정말 기발하지 않습니까? 그리고 이 광고는 국제 광고제에서 큰 상을 받았습니다. 어쩌면 창의력 역시 균형 감각에서 시작되는 것인지도 모르겠습니다.

철이 들고 본인의 가치관이 정립된다는 것이 한쪽으로 뚜렷하게 기울어지고 단단해진다는 것이 아니길 바랍니다. 그보다는 좀 더 균형 잡힌 관점을 갖게 되는 것을 의미해야겠죠. 사회심리학자 토머스 길로비치는 우리가 강하게 믿고 있는 것으로부터 너무나 쉽게 기만당할 수 있다는 것을 '편향 확증'이라는 개념을 통해 경고했습니다. 실제로 사람들은 자신의 신념을 확증해주는 것들을 쉽게 발견하거나 찾고자 하는 경향이 있으며, 반대로 자신의 신념에 반하는 것은 무시하거나 덜 찾아보는 경향이 있다고 합니다. 자신의 신념이나 가치관이 뚜렷해지는 것처럼 느끼겠지만, 균형 잡힌 관점을 점점 잃어버리면서 오히려 남들과 소통할 수 없는 '생각의 섬'이 되어가고 있는지도 모릅니다.

제가 대학교 때 일입니다. 사회인류학 수업 과제로 '보통 사람과는 다른 형태의 삶을 사는 사람들의 모습을 문화인류학적인 관점에서 바라보고, 그 의미를 해석하는 보고서'를 써야 했습니다. 저는 수산 시장에서 경매를 하시는 분들의 삶을 조명하고 싶었습니다. 수업을 마치면 집에 가서 옷을 따뜻하게 갈아입고 수산 시장으로 향했습니다. 밤 11시에 도착해서 경매사 분들께 인사를 드리고 이튿날 아침까지 그림자처럼 쫓아다녔습니다. 경매는 주로 밤과 새벽을 이용해서 이뤄집니다. 그래야 가장 싱싱한 어류가 가장 빨리 우리 식탁에 오를 수 있습니다. 그렇게 약 2주일 동안 수산 시장에서 아침을 맞이했습니다.

그날도 밤새 수산 시장에서 경매사 분들의 삶을 관찰하고 아침을 맞이했습니다. 저는 이른 아침에 라디오를 들으면서 집으로 가고 있었는데, 라디오에

서는 교통 상황에 대한 안내 방송을 하고 있었습니다.

"출근길 교통 상황입니다."

출근길 교통 상황? 이상했습니다. 저와 경매사 분들은 그 시간에 퇴근을 하고 있었습니다. 출근길 교통 상황이라는 말은 보통 사람과는 다른 시간대에 일하는 사람들을 고려하지 않은 이기적인 정의일 수도 있다는 것을 처음으로 깨달았습니다.

경매사 분들과 보낸 2주일 동안 경매에 대해, 수산물 유통에 대해 많은 것을 배웠지만, 제가 가장 크게 얻은 것은 바로 '밤에도 세상은 여전히 깨어 있다'는 깨달음이었습니다. 낮과 밤에 대한 균형 잡힌 관점을 가질 수 있는 힘을 선물해주신 거죠. 사실 저는 제가 잠들면 세상도 함께 잠드는 줄 알았습니다. 아침은 늘 시작을 의미했고, 밤은 마무리를 의미했죠. 하지만 제가 눈을 감을 때 비로소 '아침'을 맞이하는 분들이 계시다는 것, 그분들의 삶도 낮만큼 역동적이고 열정적이라는 것을 알게 된 겁니다. 어둠으로 가려져 있던 또 하나의 세상이 존재한다는 것을 진심으로 깨닫는 경험이었습니다. 저는 이런 깨달음도 균형 잡힌 관점의 일부라고 생각합니다.

한 경매사 분께서 이런 말씀을 해주셨습니다.

"그때가 IMF가 터진 후였지. 일을 마치고 집에서 자고 있는데, 딸아이가 친구를 데리고 왔어. 그런데 딸아이 친구 녀석이 낮에 집에 있는 나를 보고는 딸아이에게 너네 아버지도 실직하셨느냐고 그러더라고. 그 후부터는 괜히 딸아이가 친구들 사이에서 오해받을까 염

려돼서, 친구들이 놀러 온다고 하면 사우나에 가서 잔 적도 많아."

그 친구는 회사에 다니면 당연히 낮에는 밖에서 일하고 있어야 한다고 생각했을 겁니다. 밝을 때 일하고 밤에는 쉬는 세상만 눈에 보이는 그들이 밤에 눈을 뜨는 세상이 있다는 것을 알기는 어려웠을 겁니다. 참 오랜 시간을 반쪽짜리 세상만을 살아가겠죠. 그 친구들에게 밤에 일하고 낮에 쉬는 직업도 있다는 것을 알려줬다면, 경매사 분이 사우나에 가서 잠을 청해야 하는 불편함을 줄일 수 있었을 겁니다.

좋은 교육이란 자신의 관점과 반대편에 있는 것이 무엇이고, 어떻게 존재하는지를 알게 하는 겁니다. 정답을 알려주는 것이 아니라, 어떤 판단을 하기 전에 고려해야 할 대상을 최대한 많이 알려주는 거죠. 좀 더 균형 잡힌 결정을 할 수 있도록 말입니다. 그러려면 균형 잡힌 지식을 알려주는 것도 중요하지만, 익숙하지 않고 낯선 경험에도 많이 노출시키는 용기가 필요합니다.

만약 취업 준비생이 되어 기업에서 입사 면접을 보게 된다면 이렇게 자기소개를 하는 것은 어떨까요?

"안녕하세요? 저는 8등신 ○○○입니다. 어디를 봐서 제가 8등신이냐고 의아해하시는 분도 있을 것 같습니다. 맞습니다. 저는 몸매가 8등신이고 싶었으나 크지 않는 키를 보며 일찌감치 포기했습니다. 그래서 다른 방법으로 8등신이 되려고 노력했습니다. 저는 8등신의 핵심 요소는 균형이라고 생각합니다. 만약 제가 균형 잡힌 생각을 할 수 있다면 저는 생각의 8등신이 될 수 있다고 믿었고, 대학 생활을 하면서 다양한 경험과 지식을 쌓기 위해 불편함이나 두려움도 감수하며 노력해왔습니다. 비록 가장 매력적인 몸매는 아니지만, 앞으로도 가장 매력적인 8등신적 생각을 하는 사원이 되도록 노력하겠습니다."

우스갯소리를 하나 해볼까요?

8등신과 소개팅을 시켜주겠다는 제안을 거절하는 남자는 별로 없을 겁니다. 아마 잔뜩 기대를 하고 소개팅에 나가겠죠. 그런데 소개팅에 나온 8등신 여자를 보고 남자가 실망을 합니다. 왜일까요? 그 여자는 분명히 8등신이었는데도 말이죠. 몸매는 분명히 8등신인데, 그것뿐이었기 때문입니다. 얼굴도 미인이 아니었고, 날씬한 에스라인도 아니었습니다. 화가 난 이 남자는 소개팅을 주선한 사람에게 전화를 걸어 화를 내기 시작합니다.

"아니, 8등신이라며?"

"응, 8등신 맞잖아. 난 그 말밖에 안 했는데."

여러분 혹시 '8등신 미녀'라는 말을 들어보셨나요? 우리는 마치 대명사처럼 '8등신 미녀'라는 말을 씁니다. 그래서 우리는 8등신은 당연히 미녀라고 생각합니다. 소개팅에 나온 남자도 마찬가지였죠. 우스갯소리라고 시작했는데, 하고 나니 무서운 이야기처럼 들리기도 하네요.

공자님은 "불환빈이환불균不患貧而患不均", 즉 "가난을 걱정하는 것이 아니라 고르지 못함을 걱정한다"라고 하셨습니다. 고르지 못함을 걱정하는 공자님의 뜻이 단지 경제문제에만 머무르지 않고, 관점과 경험이 고르지 못함을 걱정하는 뜻도 담겨 있기를 기대해봅니다.

Think outside box
- 균형 잡힌 생각과 관점을 갖고 있으면 당신도 8등신이 될 수 있다.
- 치우쳐서 많이 아는 것은 오히려 모르는 것이다.
- 당신의 '밤'이 누군가에게는 하루를 시작하는 '아침'이다.

실패한 일을 후회하는 것보다
해보지 않고 후회하는 것이
훨씬 더 바보스럽다.

_《탈무드》

하고
후회하는
것이 낫다

Search Volume index

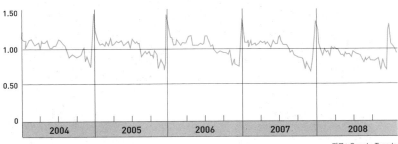

자료 : Google Trends

위 그래프는 구글에서 'Weight loss(체중 감량)'의 검색량을 나타낸 그래프입니다. 매년 새해가 시작되면 검색량이 급증합니다. 여러분도 다이어트를 새해 목표로 잡은 적이 있으시죠? 하지만 마치 검색량이 줄어들 듯, 우리의 다짐은 시간이 흐를수록 조금씩 흐지부지해

스스로 한계를

규정하고

포기하는 것만큼

어리석은 것은 없다.

집니다. 그리고 연말이 되면 후회합니다. 그리고 또다시 계획을 세울 겁니다. 내년에는 후회하지 않게 꼭 다이어트를 해야겠다는 굳은 다짐과 함께요.

오늘만 해도 벌써 몇 번을 후회했는지 모르겠습니다. 후회는 이전에 자신이 내린 결정이 잘못된 것이라고 느끼는 감정이라고 합니다. 자장면을 시켜놓고 짬뽕을 시키지 않은 걸 후회하고, 차가 막혀서 약속 시간에 늦으면 지하철을 타지 않고 버스를 탄 걸 후회합니다. 후회 없는 삶이란 게 정말 가능할까요? 저는 애초에 후회가 남지 않는 삶은 불가능하다고 생각해서, 다른 방법을 택하기로 했습니다. 바로 안 하고 후회하느니 하고 나서 후회하자는 거죠.

할까? 말까? 어떤 선택을 앞에 두면 우리는 이 선택이 나중에 후회가 될까 봐 망설입니다. 그래서 후회가 될 만한 선택은 하지 않고 피하려 하는 게 당연한 일인지도 모릅니다. 그러므로 저는 안 하고 후회하느니 하고 나서 후회하는 편이 낫다는 결론에 도달했습니다.

대학교 3학년 겨울방학 때, 저는 친구들과 함께 유럽 여행을 떠났습니다. 에스파냐를 거쳐 영국 런던에 도착한 우리는 짧은 시간 동안 최대한 많은 것을 보려고 스케줄을 빡빡하게 잡았습니다. 하지만 머무는 시간에 비해 하고 싶고 보고 싶은 게 너무도 많았습니다. 그래도 꼭 빼놓지 말아야 할 것은 '펍pub'이라고 부르는 선술집에 가보는 일이었습니다. 영국 사람들의 문화를 제대로 느끼려면 반드시 가봐야 할 곳이라는 말을 수없이 들어왔기 때문입니다. 영국의 어둠은 펍의 음악과 함께 시작되었습니다. 제가 머무는 숙소 근처에도 펍이 있었는데, 찾아가는 길을 걱정할 필요는 없었습니다. 펍에서 흘러나오는 음악을 따라가다 보면 어느새 펍 앞에 도착할 테니까요.

펍 안은 즐거움의 민주주의로 가득 차 있었습니다. 음악 연주에 맞춰 춤추고 노래하는 사람들, 오랜 친구처럼 자연스럽게 어울리는 사람들. 맥주를 한 병씩 손에 들고 자유롭게 서서 이야기를 나누는 그들 틈에서 앉을 자리를 찾으려고 서성이던 저는 금방 외국 여행객임이 드러나고 말았습니다. 아마 제 모습이 모임에서 어쩔 줄 모르고 당황하는 신입 회원 같았을 테니까요.

영국 사람들은 라이브 밴드의 연주에 맞춰서 너 나 할 것 없이 자유롭게 무대에 나가 노래를 했습니다. 취기가 오른 저는 친구들에게 말했습니다.

"우리도 앞에 나가서 한국 노래 한 곡 할까?"

"싫어, 쪽팔려. 하고 싶으면 너 혼자 해!"

"뭐 어때? 봐, 누구나 원하면 노래할 수 있는 거잖아. 한번 해보자. 좋은 추억이 될지도 모르잖아."

"싫다니까. 그냥 너 혼자 해."

그래서 저는 혼자 무대로 나갔습니다. 그리고 열심히 한국 노래를 불렀습니다. 노래하는 모습이 찍힌 사진을 보니 저는 정말 무아지경이었더군요. 노래가 끝나자 펍 안에 있던 영국 사람들이 엄지손가락을 세워 보였습니다. 왜 그랬을까요? 아쉽게도 제가 노래를 잘해서 그런 것은 아니라고 생각합니다. 부끄러울 수도 있는데, 혹시 하고 나서 후회할 수도 있는데도 그때 분위기에 맞춰 최선을 다했다는 것, 그리고 영국 사람들에게 한국 문화를 접할 기회를 준 것에 대해 엄지손가락을 들었다고 생각합니다.

펍에서의 즐거운 시간을 뒤로하고 다시 숙소로 돌아가던 길에 소변이 마려웠습니다. 어두운 골목길에 큰 트럭이 친절하게(?) 주차되어 있었습니다. 우리는 마치 약속이나 한 듯이 나란히 한 줄로 서서 볼일을 보기 시작했습니다. 어둠의 정적 속에서 물소리는 어색한 여백을 채우고 있었습니다. 그때 경상도 사투리가 구수한 친구 녀석 하나가 말을 꺼냈습니다. 노래하자고 권할 때는 싫다고 하던 녀석이, 제가 영국 사람들에게 박수 받고 추억에 남을 사진까지 얻자 부러웠나 봅니다.

"에이, 나도 태원이처럼 노래해볼걸. 안 했더니 후회되네. 내일 또 갈래?"

오후에 밀려오는 나른함도 달랠 겸 직장 동료와 잠시 쉬면서 대화를 나누고 있었습니다. 제가 먼저 말을 꺼냈습니다.

"주말 잘 보내셨어요?"

"네, 제가 좋아하는 심리학 교수님 강의를 들으러 갔는데 정말 좋았어요."

"어떤 내용이었는데요?"

"자신이 이미 한 일에 대한 후회는 시간이 흐를수록 점점 정도가 약해지는데, 하지 않아서 후회하는 일은 시간이 흐르면 후회의 정도가 점점 깊어진다고 하시더라고요. 생각해보니 그런 것 같아요. 교

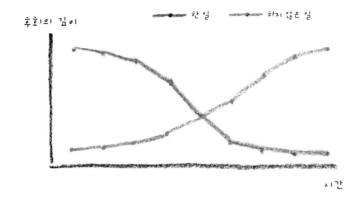

수님 말씀을 들으니, 대학 졸업한 지 얼마 되지도 않았는데 벌써부터 대학교 때 하지 않아서 후회되는 일이 막 떠오르더라고요."

안 하고 후회하는 것보다 하고 나서 후회하는 것이 낫다고 생각한 저의 지극히 개인적인 신념이 좀 더 과학적인 신념이 되던 순간이었습니다.

런던의 어느 펍에서 노래를 한 지도 벌써 몇 년이 훌쩍 지나버렸습니다. 모두 사회인이 된 친구들은 가끔 영국의 펍처럼 생긴 바에 들러 술잔을 기울이곤 합니다. 그때마다 녀석은 말하죠.

"옛날에 런던 갔을 때, 노래 한번 멋지게 한 곡 땡겨주는건데. 진짜 아쉽네."

역시 안 하고 후회하는 것보다 하고 나서 후회하는 편이 낫겠죠? 하고 나서 후회하지 않을지도 모르잖아요.

Someday, 그날은 아직 시작하지 않은 사람들의 날이다.

Someday, 그날은 그대로 멈춰 있는 사람들의 날이다.

Someday, 그날은 바라보기만 하는 사람들의 날이다.

Someday, 그날은 꿈만 꾸는 몽상가들의 날이다.

Someday, 그날은 기다려도 오지 않는다.

여훈 《《최고의 선물》, 스마트비즈니스)

언젠가 하겠다고 하면 영원히 못할지도 모릅니다. 그리고 후회는 더 깊어지겠죠. 지금 바로 시작하시기 바랍니다. 망설이기에는 인생이 너무 짧네요.

Someday.

"I'll do it someday!"

Monday, Tuesday, Wednesday, Thursday, Friday, Saturday and Sunday.

See? There is no someday.

Just do it now.

임헌우 《《상상력에 엔진을 달아라》, 나남)

Think outside box

• 하고 후회하는 것이 안 하고 후회하는 것보다 낫다.
• 안 한 일에 대한 후회는 시간이 흐르면 점점 더 커진다.
• 쪽팔림은 짧고, 추억은 길다.

선택을 해야만 한다는 것이 나에게는
언제나 견딜 수 없는 일이었다.
선택이 내게는 고르는 것이라기보다는
고르지 않은 걸 버리는 것으로만 보였다.
시간이 좁다는 것과
시간이 하나의 차원밖에 갖고 있지 않다는
사실을 끔찍한 마음으로 깨달았던 것이다.
폭이 널따란 어떤 것이었으면 하고 바랐지만
그것은 한낱 선에 지나지 않았고,
나의 욕망들은 그 선 위를 달리면서
어쩔 수 없이 서로 짓밟지 않으면 안 되었다.
나는 '이것' 아니면 '저것'밖에 할 수 없었다.
선택이란 영원히, 언제까지나,
다른 모든 것을 포기해버리는 걸 의미했다.
수많은 그 '다른 것들'이
어떠한 하나보다도 여전히 더 좋아 보였다.

__앙드레 지드 《지상의 양식》, 민음사)

최선의
선택을 하는
방법

"선배님, 어학연수를 갈까요? 아니면 그 시간에 한국에서 인턴이
나 공모전을 하는 게 나을까요?"

무르익어 가던 술자리에서 문득 후배 녀석이 질문을 합니다.

"그냥 네가 하고 싶은 걸 해. 내가 어학연수 가는 것도 아닌데 그
선택을 왜 내가 하니."

간단히 대답하고 넘겼지만, 후배 표정은 여전히 심각했습니다. 어
학연수를 가려니 1년 동안 한국에서 인턴이나 공모전 등을 통해 경
력을 쌓을 기회를 놓치는 것 같고, 그렇다고 어학연수를 가지 않으
려니 영어가 신통치 않았던 겁니다. 아무리 정교한 계산을 해도 어
떤 선택이 기회비용이 낮은지 결론을 내기가 쉽지 않았겠죠. 아마
지금도 수많은 대학생이 비슷한 선택을 앞에 두고 열심히 계산기를

모두 맞을 수도 있고
모두 아닐 수도 있습니다.
이유가 뭘까요?

두드릴 것 같습니다. 직장인들은 이직을 두고 열심히 계산기를 두드리겠죠. 결혼을 앞둔 남녀는 누구를 고를까? 정말 고민입니다.

생각해보니 취업을 준비할 때는 제발 한 곳만 붙었으면 하는 간절함에 힘들었지만, 그보다 더 힘든 것은 합격한 몇 개의 회사 중에 하나를 선택하는 일이었습니다. 왜냐하면 하나를 선택함과 동시에 나머지를 모두 버려야 했기 때문입니다. 무엇을 가질 것인가 하는 문제에서 무엇을 버릴 것인가 하는 문제로 기준이 바뀌어버린 거죠. 버리는 것이 얻는 것이라는 진리를 절실히 깨닫는 순간이었습니다. 무엇을 얻으려면 반드시 다른 무엇을 버려야 하는 것. 선택이 품고 있는 차가운 칼날 같습니다. 하지만 가지를 자르면 죽는 나무도 있지만, 더 잘 자라는 나무도 있습니다.

미국의 경제 위기를 반영하는 참 안타까운 광고 하나를 보았습니다. 전등을 켜는 스위치는 한쪽 방향이 켜는 것이고 반대쪽은 끄는 것입니다. 그런데 광고에는 그 말 대신 'DON'T EAT(먹지 마)'과 'EAT(먹어)'으로 되어 있습니다. 즉, 불을 켜면 먹는 것을 포기해야 하고, 먹으려면 불을 꺼야 한다는 것을 의미합니다. 이 스위치를 달고 있는 가정은 먹는 것과 밝은 것을 놓고 끊임없이 기회비용을 계산해야 할지 모릅니다.

제가 강연을 할 때 꼭 받는 질문이 있는데, 그중 하나가 바로 선택에 대한 겁니다. "구글을 선택한 걸 후회해본 적 없으세요?", "사회학을 전공한 걸 후회해본 적 없으세요?", "선택을 해야 할 때는 어떤 기준으로 하세요?" 등등.

물론 저도 선택의 문제를 앞에 두면 많이 생각하고 고민합니다. 때로는 저보다 경험과 내공이 있는 분들을 찾아가 조언도 구하죠. 남들과 특별히 다른 기준은 없습니다. 최선의 선택을 하고 싶은 마음은 누구나 간절합니다. 하지만 안타깝게도 정보의 양은 제한되어 있고, 예상하지 못했던 변수는 늘 존재하기 때문에 당시에는 최선의 선택이었던 것이 시간이 흐르면서 점점 잘못된 선택이 되곤 합니다. 또 선택을 두고 고민하는 순간에도 유한한 자원인 시간은 계속 흐르고 있습니다. 그래서 제게 최선의 선택이란, 선택 그 자체가 최선이 되도록 하는 것이 아니라 제가 한 선택이 나중에 최선이 되도록 노력하는 겁니다.

저는 제가 어떤 선택을 하는 순간 모든 것이 최적의 결과를 가져올 거라는 기대는 하지 않습니다. 그보다는 제 선택이 최고의 선택이 될 수 있도록 노력하죠. 제게 올바른 선택이란 늘 미래의 제 행동을 통해 결론이 납니다. 어떤 선택을 하면, 계속 미련을 가지고 계산기를 두드리기보다는 그 시간에 그 선택이 최고의 선택이 되도록 행동하는 거죠. 어쩌면 남들은 지금 제 모습을 보고 최선의 선택을 한 결과라고 말할지도 모릅니다. 하지만 그보다는 제가 이미 정한 선택이 최선의 선택이 되도록 노력한 결과라고 하는 편이 더 정확할 것 같네요. 최선의 선택은 '자신이 언제나 최선의 선택을 할 수 있을 만큼 능력을 가진 사람이 아니다'라는 당연한(?) 사실을 겸허히 인정하는 데서 시작하는 것 같습니다.

학력과 능력 사이에는 필연적인 연관 관계가 있다는, 아니 있어야 한 다는 세상의 못난 고집은 그를 무던히도 들볶았다. 그저 '대단하다' 하면 좋을 것을 "고졸로서, 대졸도 하지 못한 일"이라고 호들갑을 떨어댔고, 대전의 어느 4년제 대학에서는 특례 입학을 제의하기도 했다. 그러나 장 종훈은 담담히 손을 내저었다. 그리고 나중에 이렇게 회상했다.

"사실 난 대학에 가고 싶었어요. 나중에 아이들한테 대학 나온 아빠로 기억되길 원했거든. 그런데 나마저 대학을 가버리면 그동안 날 좋아하고 열렬히 응원을 보냈던 고졸 출신들한테 바로 상처 주는 일이 되잖아요. 결국엔 대학 가는 걸 포기하고 고졸 출신들의 우상으로 남기로 했죠. 지 금은 그 선택을 후회하지 않아요."

《일요신문》 인터뷰 (2005년 7월 3일)

초반에는 '고졸'이라는 선택을 후회했을지 모를 홈런왕 장종훈. 그의 끊임없는 노력은 그의 선택을 최고로 만들어주었습니다. 그리 고 예전에는 당연히 대학으로 진학했을 재능 있는 많은 후배 선수가 스스로 '고졸'을 선택하고, 또 그 선택이 최고의 선택이었다는 것을 실력으로 보여주고 있습니다. 그래서 홈런왕 장종훈 선수의 선택은 시간이 흐를수록 점점 더 최고의 선택이 될 겁니다.

최고의 선택을 만드는 또 다른 방법은 자신이 선택의 주체가 되는 겁니다. 2007년 후반기에 우리나라 주식시장은 사상 최고의 호황을 누렸습니다. 그러자 주식 투자에 별로 관심이 없던 사람들까지 주식 시장에 뛰어들기 시작했습니다. 주식을 잘 몰랐던 친구 녀석 하나는 주식에 해박한 지인에게 어떤 주식을 살지, 그 주식을 언제 살지 등 모든 것을 의존했습니다. 그에게 선택이란 그저 지인이 '대신'해준 선택을 따를 것이냐 말 것이냐 하는 것뿐이었습니다. 계속될 것 같았던 주식시장의 호황은 2008년이 되면서 조금씩 꺾이기 시작했습니다. 그 지인의 뛰어난 주식 투자 실력도 바닥을 모르고 떨어지는 주가 앞에서는 아무 소용이 없었습니다. "불타는 집을 앞에 두고도 불을 끌 수 없어 허망한 집주인의 마음 같았다"라고 했던 친구는 술자리가 무르익자 이런 말을 꺼냈습니다.

"근데 그 불을 분명히 내가 냈는데, 자꾸 남이 방화한 것처럼 느껴지더라고. 내가 한 선택이기 때문에 책임지고 받아들여야겠다는 생각보다는 괜히 다른 사람을 원망했어. 일종의 자기 합리화지. 그저 남이 시키는 대로 결정해서 이 상황이 닥치니까 내 자신에게 더 화가 나더라."

자신이 선택의 주체가 되지 못하면, 그 선택이 잘못될 경우 극복하려는 의지가 약해지고 자기 합리화를 하려는 유혹에 넘어갈 확률이 높아집니다. 그런데 곰곰이 생각해보면 우리가 주체가 아닌 선택이 너무도 많다는 것을 알게 됩니다. 대학 진학이 그랬고, 회사 선택이 그랬습니다. '남들이 좋다니까', '어른들께서 그렇게 하라고 하시니까' 하는 막연한 믿음에 기대서 우리 몫으로 주어진 선택에 대한 부담을 살짝 미뤄버렸는지도 모릅니다.

어떤 친구는 은행이 비교적 안정적이고 연봉도 많이 주니 여자에게는 좋다는 주변 사람들의 권유로 은행에 취업했습니다. 한편 다른 친구 녀석은 마케팅에 대한 열정으로 부모님의 권유를 뿌리치고 광고대행사를 선택했습니다. 그리고 벌써 몇 년이 흘렀군요. 지금은 어떻게 됐을까요? 은행을 택했던 친구는 1년도 안 되어 회사를 그만두고 나왔습니다. 본인이 원해서 한 선택이 아니라고 생각하니, 은행의 따분하고 반복적인 일상을 이겨내기가 어려웠다고 합니다. 광고대행사를 선택한 녀석은 퇴근 시간이 자정을 넘기기 일쑤입니다. 친구들은 그 녀석에게 '완전히 쩔었다'고 놀려대곤 하죠. 하지만 그 친구는 누구보다 즐거워 보입니다. 휴일도 제대로 없는 광고대행사에서 일하는 그의 열정이 아직도 식지 않은 이유는 본인이 바로 '선택의 주체'였기 때문입니다. 그 친구에게는 아무리 힘들어도 핑계 댈 무덤이 없겠죠. 그리고 자신의 선택이 최고의 선택이 되도록 노력하고 있을 겁니다. 물론 외롭기도 했을 겁니다.

여러분은 지금 어떤 선택을 하고 있습니까? 계산기를 두드리고 있으신가요? 남들이 하라는 대로 선택하고 있나요?

Think outside box
• 최선의 선택은 당신이 한 선택이 최선이 되도록 노력하는 것이다.
• 선택의 주체가 되어야 후회가 적다.
• 선택을 두고 고민할 때도 시간이 흐르고 있다는 것을 기억하자.

꿈의 크기만큼
도전할 세상의 크기도 커진다.
__존 세인트 오거스틴 (John St. Augustine : 라디오 프로듀서)

당신이
품은 세상과
프레임의
크기

어떻게 그렇게 작을 수 있을까요? 제가 품고 있는 세상의 크기가 겨우 점 하나에 불과했다는 것을 깨달았을 때, 넓은 세상에서 살고 있다고 착각하며 살고 있는 제 자신도 점 하나 크기로 작아졌습니다. 부끄러웠지만 기뻤습니다. 더 넓은 세상이 있다는 것을, 노력하면 그 세상은 계속 넓어질 수 있다는 것을 확인했기 때문입니다.

나름대로 굳은 결심을 안고 1년 내내 독서실을 다니면서 재수를 했습니다. 재수할 때 제가 살고 있는 세상은 독서실의 한 평 남짓한 공간이 전부였습니다. 외로운 1년을 보내면서 대학생이 되기를 간절히 원했습니다. 비록 지금은 점 하나 크기만 한 세상에 머무르고 있지만, 이 시기를 잘 보내면 저도 다른 친구들처럼 대학이라는 넓은 세상으로 나갈 수 있으니까요.

글로벌 마인드로

세상을 바라보자!

마침내 대학생이 되었습니다. 캠퍼스는 어쩌면 이렇게 넓을 수 있을까요? 학생들은 또 얼마나 다양한 지역에서 모여들었는지 모릅니다. 우물을 벗어난 개구리처럼 넓은 캠퍼스를 누비며 즐겁게 대학 생활을 시작했습니다. 대학의 낭만을 즐긴다는 핑계로 저의 1학년은 참 빨리도 지나갔습니다. 2학년이 되어도 특별히 다를 것 없는 생활을 반복하는 게 싫어서 저는 《대학내일》이라는, 대학생을 위한 매거진에서 학생 리포터로 일하기 시작했습니다. 수업을 마치면 저는 학교 밖으로 나가서 열심히 취재를 해야 했습니다. 낯선 분야와 낯선 사람들. 하지만 누구보다 열정적으로 살아가는 사람들을 만나면서 나태한 제 자신을 반성했습니다. 그리고 저는 충격에 빠졌습니다.

대학에 입학했을 때는, 캠퍼스가 세상의 전부였습니다. 이 넓은 캠퍼스라는 세상 속에 서 있는 제 자신이 자랑스럽기도 했습니다. 하지만 취재를 하려고 캠퍼스를 나와 저와는 다른 세상에서 살아가는 사람들을 만나면서, 그렇게 넓었던 캠퍼스도 여전히 점 하나에 불과하다는 것을 깨달았습니다. 지금은 구글이라는 글로벌 기업에서 일하면서 그렇게 넓었던 대한민국이 다시 점 하나에 불과하다는 것을 느끼며 살아가고 있습니다. 대한민국 최초의 우주인이 되어 지구 밖에서 지구를 본 이소연 씨에게는 그렇게 넓기만 한 지구도 점 하나에 불과했을 겁니다.

코이라는 물고기가 있습니다. 이 물고기는 작은 어항에 담아두면 손바닥 크기밖에 자라지 않지만, 강물에서는 1미터까지 자란다고

합니다. 자신이 느끼는 세상의 크기만큼 자라는 물고기가 바로 코이죠. 하지만 사람도 마찬가지입니다. 자신이 느끼는 세상의 크기만큼 성장할 수 있습니다. 그런데 저는 너무도 좁은 세상에서 살아온 거죠. 마치 자신에게 꼭 맞는 크기의 옷이 편하듯이, 그저 현실의 익숙함에 중독되어 있었습니다.

글로벌 기업인 만큼 구글에는 인종과 국적이 다른 인재가 많습니다. 그들과 함께 일하고, 또 그들에게서 배울 수 있다는 것은 정말 큰 행운입니다. 늘 감사하고 있습니다. 그런데 제가 그들과 일하면서 가장 부러워하는 것은 무엇일까요? 이름만 대면 전 세계 누구나 아는 명문대 출신이기 때문일까요? 영어를 자유자재로 구사하기 때문일까요? 그것은 바로 그들이 가슴에 품고 있는 세상의 크기입니다. 세상을 살아가는, 세상의 흐름을 읽어내는 그들이 가진 프레임의 크기는 저의 프레임과는 비교가 되지 않을 만큼 컸습니다.

어떤 이슈가 터지면 그 이슈가 단지 대한민국이 아니라, 아시아 · 유럽 · 미국 등에 어떤 영향을 미칠 것인지 이야기합니다. 그들은 때로는 아프리카에 사는 한 사람의 입장에서 이슈를 바라보다가, 바로 미국 사람의 입장에서 이슈를 해석해봅니다. 그렇게 하면서 대한민국 사람의 관점으로만 해석할 때는 결코 보이지 않는 새로운 것을 보여주곤 했습니다. 어릴 때부터 넓은 나라, 다양한 나라에서 살아보고 다양한 인종과 어울려본 문화적 경험 때문일 수도 있을 겁니다.

하지만 우리는 한국에 살기 때문에 가슴에 품은 세상도 작을 수밖에 없다는 핑계는 글로벌 시대를 사는 자신을 위한 쓸쓸한 위로일 뿐입니다. 사회는 글로벌 인재가 되어야 한다고 떠들썩하지만, 가슴에 품은 세상이 그저 대한민국만 하다면 지구를 품고 있는 진짜 글로벌 인재들과 경쟁할 수 없을 겁니다.

방학이 되면, 부모님들은 자녀가 글로벌 인재가 되길 바라는 마음으로 큰돈을 들여 자녀들을 외국으로 보냅니다. 물리적으로 더 넓은 세상에 가보는 것도 프레임을 키우는 좋은 방법입니다. 해외에 자주 나갈 만큼 경제적으로 여유롭지 못하다고 해도 크게 걱정할 필요는 없습니다. 저는 대학 때부터 해외 유명 대학의 홈페이지를 즐겨찾기로 등록한 후에 특별한 이유(?)도 없이 방문하곤 했습니다. 대한민국에 앉아서 지구 반대편에서 생활하는 또래들의 모습을 간접경험 할 수 있다는 것은 제게는 마치 여행과 같았으니까요. 처음에는 온통 영어로 된 홈페이지 내용이 한눈에 들어오지 않아 고생했지만, 시간이 흐르면서 조금씩 익숙해졌습니다.

요즘에는 세계 최대 동영상 사이트인 유튜브에 자주 갑니다. 유튜브에서는 대한민국 사람들이 올린 동영상뿐 아니라, 미국 · 유럽 · 아시아 · 아프리카에 이르기까지 전 세계 다양한 사람들이 올린 동영상을 감상할 수 있습니다. 이 사이트는 단지 동영상을 감상하는 사이트가 아니라 다양한 문화가 함께 공존하는 또 하나의 지구이기 때문입니다. 하지만 중요한 것은, 단지 동영상을 보는데 그치는 것이 아니라 동영상을 보고 자신의 감상을 써놓은 댓글을 유심히 살펴본다는 겁니다. 그 댓글에는 그들의 생각이 담겨 있고, 그러한 다양한 생각은 저의 프레임을 유연하게 만들어주니까요. 단지 외국에 간다고 해서 저절로 프레임이 넓어지지는 않을 겁니다. 프레임을 넓힌다는 것은 프레임을 유연하게 하는 것과 병행해서 이뤄져야 합니다. 나와 다른 세상을 살고 있는 사람들의 생각에 귀를 기울이는 것은 여러분의 프레임을 크고 유연하게 만들어줄 겁니다.

지구를 품을 수 있는 가슴을 가지세요. 자신이 머무르는 익숙한 장소를 점 하나로 만드는 노력이 필요한 시대입니다. 당신이 품은 세상의 크기가 곧 당신이 가진 가능성의 크기입니다. 여러분은 대한민국이 아니라 지구 위에 서 있는 한 사람입니다.

Think outside box
• 자신이 머무는 공간을 점 하나로 만들어라.
• 가슴에 품은 세상의 크기가 곧 경쟁력이다.
• 당신은 코이와 같다.

작은 창으로
바다를 모두 볼 수는
없습니다.

열정은
강 하나를 사이에 두고
건넌 자와 건너지 않은 자로
비유되고 구분되는 것이 아니라,
강물에 몸을 던져 물살을 타고
먼 길을 떠난 자와
아직 채 강물에 발을 담그지 않은 자,
그 둘로 비유된다.

＿이병률 (《끌림》, 랜덤하우스코리아)

가장
위험한 간격

크레바스crevasse를 아시나요? 빙하가 이동할 때 생기는 힘 때문에 형성되는 균열을 말합니다. 너비 20미터, 깊이 45미터 정도이며, 길이는 수백 미터에 달한다고 하네요. 크레바스는 눈에 덮여 있어서 잘 보이지 않습니다. 그래서 모험가나 등산객 중에는 이 크레바스에 빠져 안타까운 죽음을 맞이하는 경우도 발생하곤 합니다. 큰 사고로 이어지기 때문에 남극에 있는 세종기지에서는 크레바스 탐지기를 자체 개발해서 운영하고 있죠. 이처럼 무서운 크레바스 같은 상황에 우리가 매일 노출되어 있다면 믿을 수 있을까요?

지하철을 타고 친구와 만나기로 약속한 장소로 향하고 있었습니다. 제가 내릴 역은 승강장과 열차 사이의 간격이 무척 넓은가 봅니다. "승강장과 열차 사이가 넓어 발이 빠질 위험이 있으니 조심하시

빠질 것인가?
빠지지 않을 것인가?
전적으로 당신에게 달려 있습니다.

기 바랍니다"라는 안내 방송이 들리네요. 대학교 때 영국에 여행 갔을 때도 마찬가지였던 것 같습니다. 지하철이 역으로 들어오자 방송으로 "Mind the gap"이라고 경고하는 남자의 힘찬 목소리가 들렸습니다. 그런 방송을 듣고 나면 열차에 타고 내릴 때 발아래를 한 번 더 살피려고 노력했습니다. 혹시나 발이 빠지면 망신이니까요.

한번은 후배가 승강장과 열차 사이에 정말로 발이 빠진 적이 있는데 큰 문제는 없었습니다. 그 간격이 후배의 튼튼한 허벅지보다 넓지는 않았기 때문에 깊이 빠지지 않고 금방 다시 일어설 수 있었죠. 여러분의 허벅지 굵기도 그 후배와 크게 다르지는 않겠죠? 물론 다른 사람들 보기가 조금 부끄럽기는 했을 겁니다.

생각해보면 우리는 '간격'이라는 놈 때문에 어려움을 겪는 경우가 많은 것 같습니다. 사람 사이에 발생하는 생각의 간격으로 서로 다투게 되고, 부자와 가난한 자 사이의 좁힐 수 없는 간격은 늘 사회문제가 되어왔습니다. 학벌이라는 폭력은 속한 자와 속하지 못한 자의 간격을 20대부터 철저하게 분리시키는 '건널 수 없는 강' 같은 것이 되어버렸습니다. 간격은 불만과 불평등의 원인이 되고, 결국에는 삶에 대한 열정을 차갑게 식혀버리곤 합니다.

이것은 잘 보이지 않는 간격입니다. 어쩌면 그 간격이 존재하는지조차 모르는 채 살아갈 수도 있죠. 하지만 좁히지 않으면 큰일이 벌어질 수도 있고, 더 행복해질 수 있는 기회를 놓쳐버릴지도 모를 간격입니다. 이것은 무엇일까요? 바로 생각과 행동 사이에 존재하는 간격입니다. 우리는 수없이 많은 생각을 하고 계획을 세웁니다. 그런데 정작 그것이 행동으로 연결되는 경우는 별로 없죠. 그래서 그것을 생각하고 있다는 말보다는 '멍하니' 있다고 표현하는 게 맞을지도 모른다고 말하는 사람도 많습니다.

최신 정보나 트렌드뿐 아니라 좀 더 열정적이고 창의적으로 살 수 있는 자극을 받을 만한 사이트가 있습니다. TEDwww.ted.com에 가면, 기술·엔터테인먼트·과학·디자인·문화·예술 등 다양한 분야의 전문가들이 전해주는 아이디어를 동영상으로 볼 수 있죠. 그래서 새로운 자극을 받고 싶을 때뿐 아니라 심심할 때도 이 사이트를 자주 찾으려고 노력합니다. 이 사이트 첫 화면에는 이런 말이 나옵니다.

Inspired talks by the world's greatest thinkers and doers

하지만 이들의 동영상을 듣고 있으면 결국 이들은 모두 행동가였다는 것을 깨닫게 됩니다.

사전에서는 열정을 "어떤 일에 열렬한 애정을 가지고 열중하는 마음"이라고 정의하고 있습니다. 뭔가 절실하게 하고 싶고 가슴속에서 끓는 무엇, 그것이 느껴질 때마다 저는 아직 열정적이라고 생각했습니다. 하지만 그것은 열정에 대한 착시였죠. 그렇게 끓는 마음만으로는 아무것도 달라지지 않았기 때문입니다. 하지만 생각만 하지 않고, 그 끓는 마음을 실 천으로 옮겼을 때 제 삶은 조 금씩 달라지기 시작했습니다. 그래서 저는 움직이지 않는 열정은 단지 뜨거운 열 덩어 리에 불과하다고 생각합니다.

열정은 명사가 아니라 동사여야 합니다. 사전에 갇혀 있는 열정, 마음속에서만 끓다 식어버리는 열 덩어리에 '행동'이라는 생명을 선물해야 합니다.

초등학교 때, 저는 대보름이 되면 어김없이 친구들과 쥐불놀이를 했습니다. 깡통에 구멍을 뚫고 철사를 연결한 후 나뭇조각을 깡통 안에 넣었습니다. 그리고 논둑에 서서 신나게 깡통을 돌렸습니다. 제가 열심히 깡통을 돌릴수록 깡통 속의 나무는 더 활활 타올랐습니다. 그러다 잠시 회전을 멈추면 어느새 불꽃은 점점 희미해지고 그 열 덩어리는 결국 까만 재가 되어버렸습니다. 열정도 마찬가지일 겁니다. 깡통을 돌리듯 열심히 움직여야 활활 타올라 빛을 발할 수 있습니다.

> 기술이나 아이디어는 머리에서 나온다. 그러나 행동은 가슴(마음)이 결단을 내릴 때 일어나며, 결단하기 위해서는 먼저 감정 극복부터 해야 한다. '알면서 행하지 못한다'는 말은 바로 머리와 가슴이 일치되지 않기 때문이다. 머리를 가슴과 일치시키는 것이 바로 '자신과의 싸움'이다.

이 원리를 깨닫지 못하면 머리와 가슴 사이는 세상에서 가장 먼 거리가 된다. 그래서 사람들은 흔히 '세상에서 가장 힘든 일이 자신을 이기는 것'이라고 말한다. 내가 빚을 갚고 다시 일어날 수 있었던 것은 특별한 기술이나 아이디어가 있어서라기보다 '나 자신과의 싸움'에서 이긴 것, 즉 실패 감정을 극복하고 '머리와 가슴'을 일치시켰기 때문이다. 내가 나 자신과 싸우는 무기는 바로 '도마뱀 꼬리 자르기'다. 나는 손을 씻거나 목욕을 할 때마다 도마뱀을 생각한다.

매일같이 빚 독촉에 시달리고 있던 시절, 아침에 일어나서 밤에 잠들 때까지 절망감, 두려움 등의 부정적인 감정들이 수시로 나를 엄습해오곤 했다. 잊어버리면 또 생각나고 돌아서면 다시 떠오르곤 했다. 이런 감정에 젖어 있게 되면 모든 것이 비관적으로 보이고 우울증이 생겨 아무것도 하고 싶은 생각이 나지 않는다.

어느 날 나는 화장실에서 손을 씻으면서 문득 이런 생각을 떠올렸다. 이렇게 손을 씻을 때마다 도마뱀이 꼬리를 자르듯이 부정적인 감정들을 완전히 없애버리는 것으로 하자는 생각이었다.

그 후 나는 부정적인 생각이 들 때마다 '방금 도마뱀 꼬리를 잘랐잖아!' 하고 자신을 타이르는 버릇이 생겼다. 또 이런 감정이 떠오르기만 하면 일부러 화장실로 달려가 손을 씻으면서 마음을 비우는 습관이 생겼다. 그리고 목욕을 할 때도 마찬가지 생각을 했다. 지금도 나는 무슨 일이든 좋지 않은 생각이 들 때마다 곧바로 손을 씻거나 목욕탕에 들르곤 한다.

김동조 (《실패학 정신이 성공을 부른다》, 마이웨이라이프)

빙하 위에 펼쳐진 남극의 끝없는 눈밭을 걷는 사람에게 크레바스의 위험은 눈에 잘 보이지 않습니다. 생각과 행동 사이의 간격도 잘 보이지 않아 위험을 느낄 수조차 없습니다. 하지만 그 간격이 너무 넓으면 여러분의 소중한 삶이 불행에 빠질 수도 있습니다. 크레바스의 수백 미터 깊이는 비교도 되지 않을 만큼 깊은 곳이죠. 여러분의 소중한 삶을 그렇게 만들지는 않으시겠죠? 열정을 움직이세요. 그러면 생각과 행동의 간격이 좁아지고, 여러분과 행복 사이의 간격도 좁아집니다.

Think outside box
- 보이지 않지만 가장 무서운 간격은 생각과 행동 사이에 있다.
- 생각과 행동 사이의 간격은 당신과 행복 사이의 간격과 같다.
- 움직이지 않는 열정은 단지 뜨거운 열 덩어리에 불과하다.
- 열정은 명사가 아니라 동사다.

문제가 발생한 지점에서
그것을 해결하려고 하면
절대 불가능하다.
필요한 것은 관점의 전환이다.
__앨버트 아인슈타인 (Albert Einstein : 물리학자)

문제를
푸는 관점을
바꿔라

아파트 건설업자가 주민들에게 항의를 받습니다.

"아니, 아파트 엘리베이터가 이렇게 느려서 살겠어요? 당장 엘리베이터 속도를 올려주세요."

그리 어려운 문제는 아닌 것 같습니다. 돈과 시간만 있다면 금방 해결할 수 있을 것 같죠? 그런데 진짜 문제는 여기에 있습니다. 그 어떤 기술로도 엘리베이터의 속도는 올릴 수 없다는 전제가 있기 때문이죠. 엘리베이터의 속도를 올려야 하는데, 기술적으로는 엘리베이터의 속도를 올릴 수 없다니. 도대체 어떻게 해결하면 좋을까요? 엘리베이터가 출발할 때 엘리베이터와 연결된 선을 잘라서 자유낙하라도 시키지 않는다면 방법은 없는 것 같습니다. 그래서 애초에 답이 존재하지 않는 너무도 억지스러운 문제처럼 보이기도 합니다.

다양한 관점으로 생각해보는 것,
문제를 해결하는 지름길입니다.

하지만 건설업자는 이 문제를 쉽게 해결했습니다. 모든 엘리베이터 안에 거울을 달았습니다. 그랬더니 사람들은 엘리베이터 속도가 빨라졌다고 느끼기 시작했죠. 엘리베이터가 오르내릴 때 자신의 얼굴을 보느라 시간 가는 줄 몰랐던 모양입니다. 물론 속도는 이전과 변함이 없었습니다. 속도라는 물리적인 문제를 심리적인 속도라는 정성적인 문제로 바꿔버리니 쉽게 해결할 수 있었던 거죠.

수학 문제를 풀다 보면 한 번쯤 이런 경험을 하게 됩니다. 먼저 문제를 보면 '이렇게 풀어야겠다' 하는 시나리오가 머리에 떠오릅니다. 공식도 정확하고 푸는 과정도 정확한데 답이 틀리게 나옵니다. 그래서 다시 검산을 해보지만 역시 답은 틀렸습니다. 아무리 꼼꼼히 검토해보아도 계산을 잘못한 곳은 아무 데도 없습니다. 그런데 처음에 세운 시나리오와 다른 방식으로 문제를 풀면 의외로 금방 해결되는 경우를 많이 경험합니다.

미국은 우주왕복선을 쏘아 올리면서 엄청난 돈을 들여 무중력 볼펜을 개발했다고 합니다. 무중력 상태인 우주 공간에서 기록을 해야 하는데 지구에서 쓰는 볼펜으로는 종이에 쓸 수 없었기 때문입니다. 미국이 이 문제를 풀기 위해 들인 공은 이루 말할 수 없다고 하네요. 하지만 미국의 라이벌인 소련은 이 문제를 쉽게 해결했습니다. 애초에 문제도 되지 않았습니다. 무중력상태에선 연필이 최고였기 때문입니다.

문제를 하나 드리겠습니다. 지금부터 여러분을 구두 가게 주인이라고 가정하고 풀어보시기 바랍니다.

구두 가게에 한 여자 손님이 왔습니다. 이것저것 열심히 구두를 신어보더니 12달러짜리 구두를 한 켤레 샀습니다. 그리고 20달러짜리 지폐를 냈습니다. 구두 가게 주인인 여러분은 잔돈이 없어서 급히 옆 가게로 달려가 20달러를 1달러짜리 20개로 바꿔왔습니다. 그리고 손님에게 잔돈 8달러를 돌려드렸죠. 그렇게 기분 좋게 구두 한 켤레를 팔았습니다. 그런데 이튿날 옆 가게 주인이 황급히 찾아와서 이렇게 말합니다.

"조금 전에 은행에 갔다 왔는데요, 어제 저한테 주신 20달러가 위조지폐라고 하네요. 위조지폐는 통화로서 가치가 없으니, 죄송하지만 어제 드린 20달러를 돌려주세요. 위조지폐인 줄 알았다면 저도 안 바꿔드렸을 테니까요."

여러분은 할 수 없이 옆 가게 주인에게 20달러를 돌려줍니다.

자, 이 상황에서 과연 구두 가게 주인인 여러분은 전부 얼마의 손해를 봤을까요? 12달러짜리 구두는 여러분에게 12달러의 가치가 있다고 계산하시고, 위조지폐는 가치가 0달러라고 계산하시기 바랍니다.

단순해 보이면서도 헷갈리는 문제입니다. 그럼 같이 풀어볼까요?

먼저 가게 주인은 손님에게 12달러짜리 구두에다가 거스름돈으로 8 달러를 더 줬으니 20달러를 잃은 셈입니다. 그리고 옆 가게 주인에게 는 이튿날 20달러를 돌려줬으니 추가로 20달러를 잃었네요. 모두 합 하면 40달러가 나옵니다. 하지만 틀렸습니다. 많은 분이 가게 주인이 손해 본 가치는 40달러라고 대답하시지만, 정답은 20달러입니다.

그럼 이제부터 다른 관점으로 풀어보도록 하겠습니다. 가게 주인 이 잃은 가치의 총합은 거래에 참여한 다른 사람들이 얻은 가치의 총합과 같습니다. 이전에는 가게 주인이 잃은 가치에 초점을 맞춰서 풀었다면 이번에는 가게 주인 이외의 다른 사람들이 얻은 가치에 초 점을 맞춰서 풀어봅시다.

먼저 여자 손님은 위조지폐 20달러를 내고 12달러짜리 구두와 거 스름돈 8달러를 얻었으니 총 20달러의 가치를 획득했습니다. 옆 가 게 주인은 위조지폐 20달러를 받고(얻은 가치는 0달러) 20달러를 거슬 러줘서 20달러를 잃었지만, 이튿날 구두 가게 주인에게서 20달러를 돌려받았으므로 결과적으로 잃은 가치는 0달러입니다. 따라서 여자 손님과 옆 가게 주인이 얻은 가치의 총합은 20달러+0달러=20달러 가 됩니다. 간단하죠?

구두 가게 주인이 잃은 돈에 초점을 맞춰서 문제를 풀면 문제가 복잡해집니다. 왜냐하면 구두 가게 주인은 모든 거래에 참여한 사람 이기 때문입니다. 하지만 '잃은 가치의 총합=얻은 가치의 총합'이 므로 관점을 잃은 가치에서 얻은 가치로 옮기기만 하면 문제가 쉽게 풀리는 거죠.

다음은 관점을 바꿔서 자신이 처한 문제를 슬기롭게 해결한 어느 교수님 이야기입니다.

시험 시간이었습니다. 교수님이 문제지를 나눠주니 학생들이 아우성입니다. 문제가 어렵다는 둥, 시험 범위가 아니라는 둥, 수업 시간에 안 배운 내용이라는 둥 교실은 한바탕 난리가 납니다. 이뿐만이 아닙니다. 학생들이 여기저기서 손을 들기 시작합니다. '문제가 잘못된 것 같다', '표현이 어색하다', '답이 두 개 아니냐' 등 수없이 쏟아지는 학생들 질문에 교수님은 정신이 하나도 없었습니다.

그런데 사실 꼭 질문하지 않고 스스로 판단해서 풀어도 되는 것들이 대부분이었습니다. 이 난국을 교수님은 어떻게 해결했을까요? 문제를 쉽게 냈을까요? 수업 시간에 가르친 것만 냈을까요? 답이 하나인 문제만 냈을까요?

아닙니다. 교수님은 시험을 직접 감독하지 않고 외국인 조교를 보냈습니다. 그리고 그 외국인 조교는 한국어도 할 수 있지만 일부러 영어로만 말하기 시작했습니다. 그랬더니 시험을 치르는 학생 중에 질문하거나 아우성대는 학생이 한 명도 없었다고 합니다. 왜냐하면 불만이 있어도 영어로 말해야 했기 때문이죠. 즉, 시험장에서 생기는 학생과 교수 사이의 신경전을 '언어' 문제로 바꿔버린 겁니다.

이렇게 관점만 바꾸면 문제가 쉽게 해결되는 경우는 참 많습니다. 하지만 왜 그렇게 하기 어려울까요? 생각에도 탄력이라는 게 있어서, 한 번 탄력을 받은 생각의 흐름은 방향을 돌리기가 어렵기 때문입니다. 무엇보다 우리는 타인보다는 자신의 입장에서 생각하는 것이 익숙하기 때문입니다. 처음에 제가 여러분이 구두 가게 주인이라고 가정하라고 했을 때부터 아마 여러분은 구두 가게 주인의 관점에서만 생각했을 겁니다. 혹시 친구나 연인, 직장 동료, 부모님과 갈등이 있다면 구두 가게 이야기에서 배운 대로 문제를 해결해보는 것은 어떨까요? 상대방의 관점에서 생각하면 문제는 의외로 쉽게 풀릴지도 모르니까요.

Think outside box

- 관점을 바꾸면 새로운 해결책이 보일 수 있다.
- 물리적인 문제는 때로는 정성적인 문제이기도 하다.
- 당신은 지금 가장 쉬운 문제를 가장 어려운 방식으로 풀고 있을지도 모른다.

계획을 세우지 않는 것은
실패할 계획을 세우는 것과 같다.

＿벤자민 프랭클린 (Benjamin Franklin : 미국의 정치인)

계획을
세우지 않고
계획을 세우는
방법

미국 여행을 할 때 있었던 일입니다. 미국의 명문대를 돌아다니던 저는 뉴욕대에서 유학 중인 한국 학생을 만나게 되었습니다.

"유학 생활 힘들지 않으세요?"

"힘들죠. 비싼 학비도 그렇고, 아직 불편한 영어도 힘드네요. 그래도 가장 힘들었던 건 대학원 입학 면접 때 겪은 일입니다."

"그게 뭐죠?"

"면접관이 그러더군요. 5년 후 자신의 모습을 구체적으로 말해보라고요."

그 질문을 받고 그는 한참을 망설여야 했습니다. 굳은 결심과 큰 꿈을 안고 부모님을 설득한 끝에 태평양을 건너 유학을 왔지만, 면접관의 질문에 쉽게 대답할 수 없었기 때문입니다.

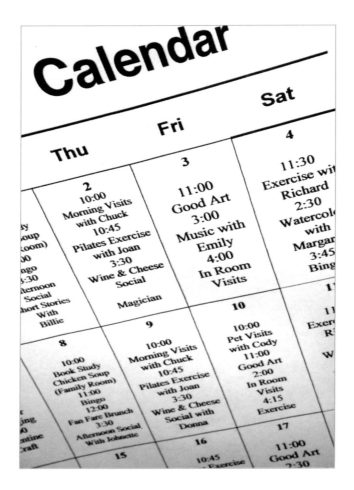

5년 후, 10년 후
당신의 모습을 계획하고 꿈꿔보세요.
꿈은 이루어질 수 있습니다.

"신기하게도 미국 애들은 이 질문에 참 대답을 잘하더라고요. 그것도 아주 구체적으로요. 저는 그때 유능한 스포츠 에이전트가 되고 싶다고 말하면서 넘긴 것 같아요. 저는 제가 원하는 직업에 그저 '유능한'이라는 형용사를 붙였을 뿐이죠."

그런데 미국 학생들은 달랐다고 합니다. 예를 들면 이런 식이죠.

"저는 동양인 선수를 전문적으로 발굴하는 스포츠 에이전트가 될 겁니다. 특히 대만이나 한국, 일본에서 뛰는 고등학생 선수들 중에 재능 있는 선수를 뽑아서, 메이저리그에 입성시킬 겁니다. 그리고 5년 안에 제가 관리하는 선수가 메이저리그 연봉 랭킹 50위 안에 세 명 이상 속하도록 할 겁니다."

저는 한국 유학생의 이야기를 듣고 마치 '쿵' 하고 머리를 부딪힌 느낌이었습니다. 저 역시 5년 후의 구체적인 제 모습을 그릴 수 없었으니까요. 당시 대학생이었던 저는 그저 마케팅이나 광고 관련 일을 하는 사회인 정도의 모습만 그렸던 것 같습니다.

미국 학생과 한국 학생의 능력에서 오는 차이는 거의 없다고 생각합니다. 차이가 있다면, 그것은 막연한 목표를 갖고 사는 우리와 구체적인 목표를 갖고 사는 그들의 차이라고 생각합니다. 목표가 막연하면 내가 지금 무엇을 해야 하는지 계획을 세울 수 없습니다. 하지만 목표가 구체적이면 내가 지금 무엇을 해야 하는지 알 수 있죠. 쉬운 예를 들어보겠습니다.

중간고사를 앞두면 선생님은 시험 범위를 알려줍니다.

"이번 중간고사 시험 범위는 배운 데까지입니다."

말이 끝나기가 무섭게 교실은 학생들의 아우성으로 가득 찰 겁니다. 아마 여러분도 비슷한 경험을 한 적이 있겠죠? 시험 범위가 배운 데까지라고 하면 왜 아우성을 칠까요? 목표가 막연하기 때문입니다. 어디까지 배운지도 모르겠는데, 배운 데까지가 시험 범위라니 도대체 어떻게 계획을 세워야 할지 감이 잡히지 않을 테니까요. 만약 선생님이 시험 범위는 1쪽에서 50쪽까지라고 구체적으로 정해준다면 여러분은 쉽게 계획을 세울 수 있습니다. 가령 그것은 5시간 공부해야 할 분량이니 언제 어떻게 하면 되겠다고 계획을 세우는 거죠.

인생의 목표도 이와 같습니다. 목표가 구체적이면 내가 지금 무엇을 해야 하는지 저절로 보이기 시작합니다. 하지만 목표가 막연하면 무엇을 해야 하는지, 언제 해야 하는지 계획을 세우기 어렵습니다.

이제 계획을 잘 세울 수 있는 방법에 대해 이야기해야겠군요. 초등학교 시절, 방학을 앞두고 선생님이 방학 계획표를 짜 오라는 숙제를 내면 우리는 일단 동그라미부터 그리고 시작했습니다. 그리고 잠잘 시간부터 확보한 후에 계획을 세우죠. 공부를 잘하는 모범생 녀석들은 시간 단위로 영어 공부, 수학 공부 등 세부적인 계획을 세웁니다. 대충 몇 시간 뭉뚱그려서 오전에는 자율 학습, 오후에는 보충 학습이라고 채워 넣은 저의 계획표와는 참 다르죠. 그리고 그 친구들은 선생님께 칭찬을 받았습니다. 그때 저는 생각했습니다. '계획을 잘 세우는 방법은 시간을 잘게 쪼개서 무엇을 할지 구체적으로

채워 넣는 거구나.'

하지만 뉴욕대에서 만난 유학생과 대화를 나눈 후, 제 생각은 달라졌습니다. 계획을 잘 세우는 방법은 시간을 잘게 쪼개서 할 일을 쓰는 게 아니라, 구체적이고 명확한 목표를 세우는 것이었죠. 목표가 구체적이면 계획은 저절로 세워지게 되어 있습니다. 계획이 잘 세워지지 않는 이유는 바로 목표가 막연하기 때문이죠.

한 초등학생이 있었습니다. 학교를 마치고 문방구 앞을 지나가다가 사고 싶은 장난감을 봤습니다. 가격은 5000원. 이 초등학생에게는 구체적인 목표가 생깁니다. '빨리 5000원을 모아서 저 장난감을 사야겠다.' 그리고 계획을 세웁니다.

'아버지께서 구두를 닦으면 500원을 주신다고 했으니, 5000원을 모으려면 열흘 동안 구두를 닦아야겠구나. 그런데 아버지께서는 7시에 출근을 하시니까 나는 적어도 6시 반에는 일어나야겠네. 평소보다 1시간 일찍 일어나야 하니까 텔레비전 보는 시간을 줄이고, 그 시간에 일기를 써야지.'

구체적인 목표가 생기면 계획은 저절로 세워집니다. 그런데 우리가 계획을 세우는 일이 쉽지 않았던 이유는 구체적인 목표 없이 계획을 세워왔기 때문입니다. 즉, 계획은 그저 하면 좋은 것들의 집합이었을 뿐이죠. 방학이 되면 여러 가지 계획을 세우지만 결국은 흐지부지 끝나버립니다. 구체적인

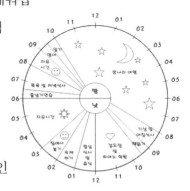

목표 없이 그저 '뭐라도 해야 하는' 계획의 집합이었기 때문입니다. 우리의 열정이 목표 지점까지 도달할 수 있도록 도와주는 것은 계획이 아니라 구체적인 목표입니다.

여러분은 오늘도 계획을 세우느라 고민하고 있을 겁니다. 하지만 가장 먼저 해야 할 일은 초등학교 때처럼 동그라미부터 그리는 게 아니라, 내가 계획을 세워서 달성하고자 하는 게 '구체적으로 무엇인지' 정하는 것이겠죠.

Think outside box

- 구체적인 목표가 있으면 계획은 저절로 세워진다.
- 자신의 5년 후 모습을 그려보자.
- 뭐라도 하는 것이 아니라 왜 하는지를 알아야 한다.

당신의 열정을 결승점까지 움직이게 하는 것은
계획이 아니라 구체적인 목표입니다.

조금이라도 남보다 앞서려면,
뭔가 다른 방법을 찾아야 한다.
나이트는 트럭 행상으로 시작해
운동화 하나로 성공했다.
그가 미국의 유명 대학원인
스탠퍼드를 졸업한 후,
남들이 무시하는 직업인
트럭 행상이 아닌 일반 직장을
찾아갔다면 오늘날의 나이키는
탄생하지 못했을 것이다.

__필립 나이트 (Philip Knight : 나이키 공동 창업자)

0.79가
3.71보다 큰
이유

"0.79는 3.71보다 큽니다."

저는 지금 말도 안 되는 주장을 하고 있는지도 모릅니다. 초등학생도 알 만한 수학 문제를 놓고 틀린 답을 우기고 있는지도 모릅니다. 하지만 아무리 생각해도 제게 0.79는 3.71보다 큰 숫자입니다. 왜 그럴까요?

대학교 4년 동안 제 학점은 평균 3.71이었습니다. 별로 높지도, 그렇다고 낮지도 않은 '둥글둥글'한 성격 같은 학점이죠. 남들은 적당히 놀고, 또 적당히 공부한 것을 상징하는 학점이라고 말하기도 합니다. 하지만 요즘은 학점 인플레가 심해서 3.71이라는 학점으로는 명함도 못 내밉니다. 4.0이 넘는 '믿을 수 없는' 점수를 자랑하는 학생이 많아지고 있기 때문입니다. 그럼에도 저는 3.71이라는 숫자가

A+ Excellent
A Very good
B+ Good
B
C+
C Average
D+
D Poor, must try harder
F Failure
✓ 10/10   100%
✗ 0/10   REDO!!

훌륭한 학점이
훌륭한 인생을
보장해주지 않습니다.

자랑스럽습니다. 왜냐하면 재수강이나 계절 학기를 통해 학점 세탁을 하지 않은, 자연 그대로의 학점이기 때문입니다.

취업 시즌이 시작됐을 때, 주위에서는 학점이 4.0이 넘느냐 넘지 않느냐를 두고 설왕설래를 벌였습니다. 서류 전형을 무사히 통과하려면 4.0이 안전하다고 하는 친구가 있는가 하면, '인간적인' 학점인 3.5만 넘어도 된다는 등 온갖 '카더라' 통신이 난무했기 때문입니다. 사실 저도 4.0이 넘는 학점을 자랑하고 싶었습니다. 4.0이 넘는 학점이 주는 안정감은 취업 준비생인 저에게도 정말 달콤했을 테니까요. 그럼에도 제가 3.71의 학점으로 졸업을 한 데는 다른 이유가 있습니다. 단지 학점을 높이려고 같은 내용을 한 학기라는 시간 동안 다시 듣는 것은 제 인생에 크게 도움이 되지 않는다고 생각했기 때문입니다. 그래서 저는 그 시간에 다른 경험을 하겠다고 다짐했고, 남들의 학점이 조금 더 높아질 때 저의 문화적 경험은 더욱 다양해지고 있었습니다.

4.5-3.71=0.79

0.79의 비밀은 바로 여기에 있습니다. 제가 받은 학점은 만점에서 0.79가 모자랍니다. 다양한 경험과 도전을 한다면서 공모전 하느라, 인턴 하느라, 여행하느라, 발로 뛰며 기사 쓰느라, 엠티 가서 노느라, 미팅 하느라 잃어버린 학점일 겁니다. 하지만 저는 이 0.79가 제 인생을 더 풍성하게 만들어줬을 뿐 아니라, 책을 쓰는 데도, 구글에 입사하는 데도 큰 영향을 줬다고 생각합니다. 0.79 안에는 친구들과 밤새우며 토론하던 추억도 담겨 있고, 밤새 취재하고 기사를 쓰느라 수

업에 출석하지 못해 까먹은 출석 점수도 있습니다. 여러분의 미래는 4.5 만점에서 얼마만큼의 학점을 따느냐로 갈라지기보다는, 4.5에서 여러분의 학점을 뺀 숫자를 어떻게 까먹었느냐에 달려 있다고 생각합니다. 아마 3.71이라는 학점이 취업을 결정짓지는 않았을 겁니다. 그렇다고 높은 학점이 무의미하다는 것은 절대로 아니니 오해 없길 바랍니다. 학점이 낮은 사람의 이유 있는 변명쯤으로 넘겨주세요.

학점이 낮아서 속상해한다고 그 학점이 높아지지는 않을 겁니다. 그보다는 모자란 학점을 얼마나 발전적으로 까먹었는지에 대해 설명할 수 있으면, 그 학점이 지금의 여러분을 만드는 데 어떻게 기여했는지 말할 수 있으면 됩니다. 아마 0.79가 없었다면 저는 건조하고 지루한 삶을 살았을지도 모릅니다. 남들보다 더 많이 경험하고 느끼지 못했을지도 모릅니다. 취업 시즌에 여러 회사와 인터뷰를 할 때도 저는 0.79를 통해 얻은 경험에 대해 열심히 말했습니다. 공모전을 준비하다가 팀원들과 겪은 갈등이 팀워크에 대해 다시 생각해본 계기였다고 말했고, 해외여행을 하면서 생각의 프레임을 넓히는 기회를 얻었다고 말했습니다. 아프리카에서 만난 굶주린 아이들이 저를 더욱 열심히 살게 하는 자극이 되었다고 했으며, 영국 런던의 어느 선술집에서 노래를 부르면서 안 하고 후회하는 것보다는 하고 후회하는 편이 낫다는 것을 깨달았다고 말했습니다. 경매사의 삶을 문화인류학적으로 조명하는 보고서를 쓰려고 몇 주일 동안 수산 시장에서 지내면서 보통 사람과 다른 형태의 삶이 가져다주는 애환을 배울 수 있었다고 말했습니다. 0.79에 담긴 '남과 다른 이야기'는 '남들과 비슷한 내용'으로 가득 찼을 3.71보다 면접관에게 훨씬 흥미 있는 이야기였을 겁니다. 그리고 남들보다 높은 점수를 얻게 해줬을 테죠. 그래서 저는 0.79가 3.71보다 크다고 주장하는 겁니다.

좀 더 높은 점수를 따려고 노력하면서 살아온 우리에게 잃어버린 점수의 의미를 찾는 일은 시간 낭비일지도 모릅니다. 그리고 잃어버린 점수에 집착하는 것보다는 어떻게 하면 앞으로 더 높은 점수를 받을 수 있을지 고민하는 것이 현명하다고 하실 분도 계실 겁니다. 인사고과 등 사회에서도 더 높은 점수를 얻으려는 경쟁은 끝나지 않으니까요.

토익 시험을 보고 나면 점수가 만족스럽지 않을 때가 많습니다. 다음 시험에서는 높은 점수를 얻고 싶은 사람이 반드시 해야 하는 일이 무엇일까요? 그건 바로 이번 시험에서 틀린 문제를 '왜 틀렸는지' 아는 겁니다. 더 높은 점수를 받기 위해 왜 점수를 까먹었는지 알아보는 거죠. 어떻게 까먹느냐를 아는 것은 결국 더 높은 점수를 얻기 위한 방법인 셈입니다.

Think outside box
- 다른 사람들이 어떻게 얻느냐를 생각할 때 어떻게 잃느냐를 생각하자.
- 점수를 따는 것도 중요하지만 어떻게 잃느냐도 중요하다.
- 남들 관심 밖에 있는 숫자에서 기회를 찾아라.

좋아하는 일과 존경하는 사람을 위해
일하는 것이 좋네.
뭔가 배울 수 있는 사람과 함께하고,
기분 좋은 조직에서 일할 때
좋은 성과를 올릴 수 있다네.
충고하건대 자네 생각에
지금은 매우 힘들어도 참고 일하면
10년 후에는 좋아질 거라 생각하고
회사를 선택하거나,
혹은 지금은 보수가 적지만
10년 후에는 열 배를 받을 거라는 기대로
회사를 선택하지 말게.
지금 즐겁지 못하면 10년 후에도
마찬가지일 것이네.
그러니 자네가 좋아하는 일을 선택하게.

__워렌 버핏 (Warren Buffett : 미국의 기업인)

N° 16

가장
부러운 사람

살다 보면 참 부러운 사람이 많습니다. 어릴 때는 좋은 장난감을 가진 친구가 부러웠고, 학창 시절에는 공부 잘하는 친구가 부러웠습니다. 사회에 나와서는 남들이 부러워하는 회사에 다니거나, 전문직에 종사하는 사람을 보면 부럽죠. 저는 꿈을 잃어버린, 잃어가는 우리가 가장 부러워하는 사람을 소개하려고 합니다. 아마 취업 준비생이 가장 부러워하는 사람일 거라고 생각합니다. 누구일까요?

"

안녕하세요. 저는 인천에 살고 있는 고 2 여학생이에요. 저의 꿈은 뮤지컬 배우예요. 중 3 때부터 꾸어왔던 꿈입니다. 아빠를 끊임없이 설득해 보았지만 소용이 없었어요. 어제는 아빠한테 계속 부탁드리고 눈물을 보이고 그랬는데도 돈은 못 보태주시겠대요. 아빠의 직업이 막노동이라는 인생은 길고도 험하다.

남을 부러워하고 좌절할 시간에

현재를 즐기며 노력하라.

힘든 일이라 이해 못 할 바는 아니지만 그래도 도와주실 수도 있는데 너무나 속이 상해요. "그럼 넌 막노동이나 파출부라도 해서 돈을 벌어라"라고 하실 땐 정말 이해할 수가 없어요. 자식이 이렇게나 바라고 꿈꾸는데……. 결국 계속 말씀드려 보았지만 베개가 날아오고 효자손으로 맞고……. 그렇게 콧물이 흐르고 눈물을 흘렸는데도 아빠는 현실의 테두리 안에서만 꿈을 꾸라 하세요. 저는 꿈을 접을 수 없어요. 공연도 몇 번 해보았는데 너무나 하고 싶어요. 절대로 꿈을 포기하진 않을 거예요. 이 책을 보고 더욱 굳게 다짐했어요. 그냥 이 말을 태원 오빠께 꼭 하고 싶었어요. 이 꿈이 지금은 불확실해 보이지만 좀 더 구체적으로 계획을 세우고 피나는 연습을 해서, 나중엔 당당하게 성공한 뮤지컬 배우가 되고 싶어요. 움직이지 않는 열정은 단지 뜨거운 열 덩어리에 불과하다는 말 꼭 기억할게요. 계획만 세우다 끝나는 인생을 절대 만들지 않을게요.

《죽은 열정에게 보내는 젊은 Googler의 편지》를 읽은 어느 여고생이 보내준 편지입니다. 대학교, 특히 취업을 준비하는 학생들에게 강연할 기회가 생기면 저는 이 학생의 편지를 읽어줍니다. 편지를 읽기 전, "취업 준비생이 가장 부러워하는 사람을 소개하려고 합니다"라고 하면 학생들의 눈이 반짝입니다. 아마 사회에서 성공 가도를 달리는 사람을 상상했을 겁니다. 저는 조용히 이 편지를 읽기 시작하고, 강연 장소는 조용해집니다. 그리고 학생들은 고개를 끄덕입니다.

취업 준비생의 가장 큰 고민은 토익도 학점도 학벌도 아닌 '내가 정말 무엇을 하고 싶은지 모른다'는 겁니다. 강연장에서 고개를 끄덕이던 그 학생들도 예전에는 저 여고생처럼 '꿈'이 있었습니다. 시간이 흐르면서 우리는 그 꿈을 향해서 더 가까이 다가가야 하는데, 오히려 어디로 갈지 몰라 방황합니다. 꿈이 점점 희미해져 가고 있기 때문입니다. 진정 하고 싶은 일이 무엇인지 모르기 때문에, 귀는 더 얇아집니다. 연봉 조금 더 준다고 하면, 칼퇴근 할 수 있다고 하면, 그 회사에 입사 원서 쓰는 일을 주저하지 않습니다.

사회에 나와서도 마찬가지입니다. 아마 많은 직장인이 '밥벌이의 지겨움'을 느끼고 있을 겁니다. '더 늦기 전에, 더 늦기 전에' 새로운 도전을 해볼까 고민도 해보지만, 이제 와서 어릴 적 꿈을 그리워하는 것은 어쩌면 시간 낭비일지도 모릅니다. 그러기에는 기회비용이 너무도 커져버렸습니다. 지금 일이 좋든 싫든 그냥 '밥벌이가 잘 되도록' 하는 것이 현명한 결정이 됩니다.

우리는 더 빨리 가기 위해서 노력합니다. 남들보다 열심히 공부하고, 남들보다 더 많은 경험과 커리어를 쌓으려고 합니다. 치열한 경쟁 사회에서 남들보다 앞서나가기 위해서입니다. 문제는, 속도는 더 빨라졌을지 모르지만 방향이 어긋났다는 점입니다. 무엇을 하고 싶은지, 왜 하고 싶은지에 대해 자신에게 끊임없는 질문을 던져야 하는데, 더 빨리 가려는 열정은 자신과 대화할 시간을 허락하지 않습니다. 그래서 가장 많은 스펙을 자랑하며 1등으로 사회에 나왔지만, 금방 회사를 그만두는 친구들을 많이 보았습니다. "이건 내가 원하던 일이 아니야"라는 유언을 남기면서요.

대학 생활이 마치 어두운 동굴 속에서 저 멀리 보이는 빛을 향해

달려가는 것 같다고 생각한다는 학생이 있었습니다. 그 어둠이 너무도 싫었던 학생은 1등으로 빛이 들어오는 세상을 향해 달려갔습니다. 더 열심히 공부하고 더 많은 스펙을 쌓으며 드디어 1등으로 어두운 동굴을 탈출했습니다. 그런데 그곳은 사막이었습니다. 방향보다는 속도만을 고민한 결과였습니다. 사회에서도 마찬가지겠죠. 밥벌이의 지겨움은 대학생이 느끼는 동굴의 어둠보다 더 깜깜하고 험난할 겁니다. 그곳을 탈출하려고 열심히 달리지만, 도착한 곳은 또다시 사막일지도 모르죠.

여러분이 여든 살까지 산다고 합시다. 인생이라는 긴 여정에서 대학을 졸업하고 사회에 나오는 시기는 마라톤으로 치면 10킬로미터를 조금 지난 지점 정도 되겠군요. 그런데 우리는 그 지점까지의 기록으로 누가 금메달을 딸 것인지 점치려고 합니다. 이제 정말 본격적으로 시작할 지점일 텐데 말이죠. 우리는 인생이 그저 100미터 달리기의 연속이라고 생각하고 있는 것은 아닐까요?

그래서 가수 문희준 씨는 참 부러운 사람입니다. 왜냐하면 10만 명이 반대해도 하고 싶은 일이 있기 때문입니다. 문희준 씨에게는 10만 명의 안티가 있다고 하지만, 문희준 씨는 자신의 길을 묵묵히 걸어가고 있습니다. 아무리 하고 싶은 일이라고 해도, 10만 명이 나서서 반대한다면 우리 대부분은 아마 그냥 멈춰 설 겁니다. 문희준 씨를 박스 밖에서 생각하면 '악플'의 대상이 아닌 정말 부러운 한 사람으로 보이기 시작합니다.

어느 기자가 물었습니다.

"태원 씨, 정말 부럽네요. 신도 부러워하는 직장이라는 구글에 입사하셨으니. 취업을 준비하는 대학생을 위해 어떻게 하면 성공적인 취업을 할 수 있는지 비결을 좀 말씀해주시겠습니까?"

"맞습니다. 저는 취업을 잘한 사람입니다. 왜냐하면……." 왜일까요? 구글이 취업 선호도 1위에 뽑힌 회사이기 때문일까요? "제가 취업을 잘한 이유는 구글에 입사해서가 아니라 제가 하고 싶은 일을 즐겁게 하고 있기 때문입니다."

그래서 저는 어떻게 하면 취업 면접을 잘할 수 있는지, 어떻게 하면 스펙을 많이 쌓을 수 있는지, 이런 이야기보다는 자신이 하고 싶은 일이 무엇인지를 먼저 고민하라고 말합니다. 때로는 기자에게 부탁도 하죠.

"기자님, 정말 대학생들의 취업을 걱정하고 계신다면 구글에 입사한 사람, 삼성에 입사한 사람의 경우를 취업 성공기로 소개하기보다는, 그곳이 어떤 회사든 자신이 원하는 일을 하고 있어서 행복해하는 사람을 취업에 성공했다고 소개해주셨으면 좋겠습니다. 그래야 대학생들이 자신이 원하는 일을 찾아갈 수 있을 테니까요. 그렇게 하지 않으면 아마 학생들은 자신의 꿈을 버리고 그저 남들에게 인정받는 그런 회사를 가기 위해 몰려들 겁니다. 결국 몇몇 학생만 승자가 되고 나머지는 패자가 되겠죠."

어느 토론 프로그램을 보면서 참 속상한 적이 있습니다. 실업 문제 해결 방안을 놓고 토론하는 자리에 '실업자'나 '구직자'는 없었습니다. '취업 걱정할 필요 없는' 전문가들 사이에서 진행된 몇 시간 동안의 토론은 '거시적 관점'이라는 수식어를 앞에 붙이고는 절묘하게 '현실성'을 외면합니다. 지푸라기라도 잡고 싶은 구직자나 실업자들은 또다시 절망할지도 모릅니다.

저는 전문가가 아닙니다. 그리고 일자리 문제를 해소하기 위해 현실적인 대안을 내놓을 만큼 지식도 능력도 없습니다. 하지만 만약 제가 그 토론 자리에 있었다면 이런 말을 하고 싶습니다.

"제게 건강한 일자리를 만드는 아주 좋은 방법이 있습니다. 돈도 들지 않습니다. 게다가 근본적이며 장기적인 전략이죠. 그건 바로 다양성을 존중하는 문화를 만드는 겁니다. 그러면 구직자들은 자신이 좋아하는, 자신이 하고 싶은 일을 위해 새로운 도전을 시작할 겁니다. 기존에는 존재하지 않았던 새로운 직업이 만들어질지도 모릅니다. 몇몇 회사를 놓고 수백 대 일의 경쟁을 벌일 필요도 없습니다. 다양성이 존중되지 않는 문화 속에서, 다양성을 말살하는 교육 환경 아래에서 살다 보니 자신의 꿈보다는 남들이 바람직하다고 생각하는 길을 향해 모두가 달려가고 있으니까요."

가수이자 프로듀서인 박진영 씨와 음악을 함께하다가 중도에 포기하고 분식집을 하던 친구가 박진영 씨 생일에 무슨 선물을 할까 고민하다가 술을 선물했습니다. "우리가 같이 마시던 술을 선물한다. 모든 걸 가진 너에게"라는 메모와 함께. 이때부터 박진영 씨는 모든 태도를 바꾸었다고 합니다. 비록 고민이 많고 힘든 시기였지만 자신이 좋아하는 음악을 하는 것만으로도 행복하다는 걸 깨달았기 때문입니다.

고등학교 때는 대학이라는 결승점을 향해 모두 100미터 트랙 출발점에 섰습니다. 대학이라는 결승점에 도착했지만 그곳은 다시 110미터 허들 경기 출발점이었습니다. 눈앞에 놓인 이른바 '스펙'이라는 허들을 먼저 넘어서 결승점에 도착하면 이제는 정말 즐거운 나날이 기다릴 줄 알았습니다. 하지만 그 지점이 이제는 인생이라는 마라톤의 진짜 출발선이라는 것을 알게 될 겁니다. 그런데 결승점이 다시 출발점으로 변한다는 사실만 우리를 당황스럽게 하는 것은 아니라고 생각합니다.

그보다 더 안타까운 것은 우리가 모두 같은 방향으로만 달려왔다는 거죠. 저마다 달리고 싶은 방향이 있었음에도 남들이 달리니까,

예전에도 그렇게 달려왔으니까 하는 생각으로 모두가 같은 방향으로 달려왔다는 겁니다. 달리는 도중에 이 길이 아닌 듯해도 이미 붙어버린 관성 때문에 방향을 바꾸기도 어려웠을 겁니다.

어디를 향하는지 모르는 배의 선장에게는 모든 바람이 역풍일 뿐입니다. 여러분은 지금 어느 방향으로 가고 계시나요? 정말 자신이 원하는 방향인가요? 아니면 남들이 가기를 바라는 방향인가요? 자신이 원하는 방향으로 달리고 있는 사람은 속도와 관계없이 가장 부러운 사람입니다.

Think outside box
- 부러운 일을 하는 사람보다 하고 싶은 일이 있는 사람이 부러운 사람이다.
- 신이 부러워하는 것은 구글에서 일하는 사람이 아니라 구글에서 즐겁게 일하는 사람이다.
- 남들이 가는 방향이 아닌 당신이 원하는 방향으로 항해하라.

오랫동안 꿈을 그리는 사람은
마침내 그 꿈을 닮아간다.

__앙드레 말로 (André Malraux : 프랑스의 소설가)

노력해야
하는 이유

"저는 아직 멀었습니다. 아직 배워야 할 것도 많고, 너무나 부족하기 때문입니다. 계속 노력해야죠."

지나친 겸손은 '재수 없음'이라며, 이런 저의 대답에 고개를 흔드시는 분도 있습니다. 하지만 불행하게도 제가 한 말은 '의견'이 아니라 '사실'입니다. 성공한 것처럼 보이는 저의 모습은 제게는 매운 회초리로 느껴집니다. 이런 제 마음을 잘 아는 친구는 "칭찬하지 않는 곳으로 가. 칭찬에 익숙한 고래는 그 수영장을 맴돌기 때문이야"라는 말을 메일로 보내주었습니다. 글을 쓰고 있는 지금도 저는, 더 이상 떠오르지 않는 아이디어 때문에 머리를 쥐어뜯으며 막다른 골목에서 막막해하는 제 자신을 발견하곤 합니다. 그뿐이겠습니까? 서점에서 책을 펴 들면, 살아 있는 수많은 지성의 결과물들에 그저 감

넘지 못할 장애물은 없어.

힘껏 뛰어넘어 봐!

STATE PROPERTY
NO TRESPASSING
COMMISSIONER OF TRANS

탄만 할 뿐입니다. 저보다 나이가 훨씬 많으신데도 히말라야를 몇 번이나 등정하신 회사 동료를 보면, 단지 무거워지고만 있는 제 나이가 부끄럽기도 합니다.

"스무 살 때 세상은 승자와 패자, 둘로 갈라진다. 붙은 자와 떨어진 자, 이 두 세상은 모든 면에서 너무나도 확연히 차이가 났다. 한쪽은 부모님의 축복과 새 옷, 대학 생활이라는 낭만과 희망이 주어졌고, 다른 한쪽은 비로소 깨달은 세상의 무서움에 떨면서 길거리로 무작정 방출되어야 했다.

부모님의 보호도, 학생이라는 울타리도 더 이상은 존재하지 않았다. 철없던 청소년기의 몇 년이 가져다주는 결과치고는 잔인할 정도로 엄청난 차이였다. 나는 비로소 내가 겨우 건너온 다리가 얼마나 무서운 다리였는지 확인할 수 있었고, 그 후론 승자 팀에 속한 것을 다행스럽게 생각하며 그 사실을 즐기느라 시간 가는 줄 몰랐다. 나의 스무 살은 이렇게 승리의 축제로 뒤덮였고, 나는 내 장래를 위한 어떠한 구상도 노력도 하지 않았다. 나의 스무 살은 이렇게 친구, 선배, 여자, 술, 춤으로 가득 찼다. 나는 세상이 둘로 갈라졌으며 나는 승자 팀에 속해 있었기에 이제 아무 걱정 없이 살면 되는 줄 알았다.

하지만 그로부터 7년 후 나는 놀라운 사실들을 또 목격하게 되었다. 영원할 것만 같던 두 개의 세상이 엎치락뒤치락 뒤바뀌며 그 두 개의 세상이 다시 네 개의 세상으로, 여덟 개의 세상으로 또 나누어져 가는 것을 볼 수 있었다. 대학에 떨어져 방황하던 친구가 그 방황을 내용으로 책을 써 베스트셀러 작가가 되는가 하면, 명문대를 나와 대기업에 취직했던 친구가 구조조정으로 실업자가 되기도 했다. 춤을 추다 대학에 떨어진 친구가 최고의 안무가가 되기도 하고, 대학에 못 가서 식당을 차렸던 친구가 그 식당이 번창해서 거부가 되기도 했다.

스무 살에 보았던 영원할 것만 같던 그 두 세상은 어느 순간엔가 아무런 의미도 영향력도 없는 듯했다. 스무 살, 그것은 시작일 뿐이었다. 스무 살 전에 세상이 계속 하나일 줄 알고 노력하지 않았던 사람들이 좌절했듯이, 스무 살에 보았던 그 두 가지 세상이 전부일 거라고 믿었던 사람 또한 10년도 안 되어 아래 세상으로 추락하고 마는 것이다. 반면 그 두 가지 세상에 굴하지 않고 자신의 소신과 꿈을 가지고 끝없이 노력했던 사람은 그 두 가지 세상의 경계선을 훌쩍 뛰어넘을 수 있었다.

지금 스무 살인 여러분은 모두 합격자, 아니면 불합격자의 두 세상 중 하나에 속하게 되었을 것이다. 하지만 승자는 자만하지 말 것이며, 패자는 절망하지 말아야 할 것이다. 스무 살에 세상이 둘로 달라지는 것으로 깨달았다면, 7~8년 후에는 그게 다시 뒤바뀔 수도 있다는 것을 깨닫게 될 것이다. 스무 살은 끝이 아니라 시작에 불과하다는 것을 잊지 말고, 일찍 출발한다고 반드시 이기는 것이 아니며 늦게 출발한다고 반드시 지는 것도 아니라는 것을 명심하기 바란다.

박진영 (가수 겸 음악 프로듀서)

−1

수능을 마치고 저는 패자의 세상에 속하게 되었습니다. 박진영 씨의 글에는 표현되지 않은 훨씬 외롭고 초라한 세상이었는지도 모릅니다. 지독히도 외로웠던 재수를 시작했을 때, 다른 친구들보다 1년이 뒤져 있다는 조바심은 저를 불안하게 하기도 했습니다. '−1'이라는 숫자에 대한 강박관념을 버리기 쉽지 않았던 것이 사실입니다. 빨리 그들을 따라잡아서 다시 승자의 세상에 들어가고 싶었으니까요.

사실 그런 조바심을 재수 때만 느꼈던 것은 아닙니다. 시골 촌놈으로 살다가 서울로 전학을 온 초등학교 5학년, 영어 공부라고는 한 번도 해본 적 없는 저는 영어로 자기소개를 하고 영어로 대화를 나누는 반 친구들을 보면서 큰 걱정에 잠겼습니다. '친구들은 나와 다른 세상에 살고 있구나. 내가 한참을 뒤져 있어. 빨리 따라잡아야겠다.'

고등학교를 졸업할 때까지 비행기 한 번 타보지 못한 저는, 방학 때면 외국에 나가서 넓은 세상도 경험하고 영어 공부도 하는 친구들을 보며 또 생각했습니다. '친구들은 역시 나와 다른 세상에 살고 있구나. 나는 여전히 한참을 뒤져 있어. 얼른 따라잡아야 할 텐데……'

수능을 보고 사회적으로 '공인된' 패자의 세상에 들어간 지 거의 10년이 다 되어갑니다. 재수 때 그렇게 커 보였던 '−1'이라는 격차는 지금 아무런 의미도 없는 숫자가 되었습니다. 그 10년 동안 박진영 씨의 말처럼 승자와 패자의 세상이 엎치락뒤치락하는 것을 정말 많이도 보면서 살았습니다. 저보다 먼저 대학에 들어간 친구는 아직 원하는 회사에 취업하지 못해서 대학원으로 도망하듯 가버렸습니다. 명문대에 들어간 친구는 간판만 믿고 대학 생활을 소비하다가, 승자와 패자의 세상을 넘나들기 위해 노력한 다른 학생들에게 일자리를 빼앗기고 말았습니다. 대학교 때 이른바 '화려한 스펙'으로 승자의 세상에 속한 기쁨을 누리며 사회에 진출한 친구들은 몇 년도 안 되어 "이건 내가 원하던 일이 아니야"라는 말을 남기며 다시 출발점으로 돌아갔습니다.

제가 노력해야 하는 이유, 그것은 제가 결코 승자의 세상에서 영원히 머물 수 없기 때문입니다. 대학 생활을 열심히 즐긴 덕분에 저는 원하는 회사에 입사했고, 책의 저자가 됐으며, 많은 사람에게 강연도 할 수 있게 됐습니다. 비록 서울대에 지원해서 떨어졌지만, 그로부터 10년 후 저는 서울대 학생들을 상대로 강의하게 됐습니다. 계속 노력하면 패자의 세상에서 승자의 세상으로 갈 수도 있다는 것을 경험했지만, 그것은 승자의 세상에서 곧 패자의 세상으로 갈 수도 있다는 사실을 깨닫는 과정이기도 했습니다.

어쩌면 저는 패자의 세상으로 가는 전 단계에 있는지도 모를 일입니다. 수영 선수 박태환 씨는 아테네 올림픽 때 부정 출발로 패자의 세상으로 떨어졌지만, 그가 포기하지 않고 흘린 땀은 4년 후 베이징 올림픽에서 금메달을 안겨주었습니다.

살다 보면 여러분과 다른 세상에 살고 있는 것 같은 사람들을 자주 보게 됩니다. 부럽기도 하고, 그에 비해 초라한 나의 세상이 부끄럽고 한심하게 느껴지기도 할 겁니다.

수능 때 느꼈을지 모를 철저히 분리된 그 두 개의 세상. 그 경계에서 학벌 사회가 조장하는 넘을 수 없는 벽. 부자의 세상과 가난한 자의 세상 사이에 놓여 있는 여전히 높은 벽. 승자의 세상과 패자의 세상 사이에는 아주 높은 벽이 있습니다. 하지만 그보다 높은 벽은, 나는 할 수 있다고 생각하는 마음과 나는 할 수 없다고 생각하는 마음 사이에 놓인 벽입니다.

　세상의 모든 벽은 이 벽보다는 낮습니다. 여러분 마음속에 있는 벽만 뛰어넘으면 넘지 못할 벽은 없습니다. 한 번에 뛰어넘을 수 없다면 조금씩 허물어버리면 됩니다. 시간은 충분합니다.

Think outside box

• 승자와 패자의 세상은 넘나들 수 있다.
• 우리가 노력해야 하는 이유는 두 세상 사이에 놓인 '벽'을 넘을 수 있기 때문이다.
• 당신이 승자의 세상에 있느냐, 패자의 세상에 있느냐는 중요하지 않다.
　그것은 그저 시작일 뿐이니까.

시도했던 모든 것이
물거품이 되었더라도
그것은 또 하나의 전진이기 때문에
나는 용기를 잃지 않는다.

__토머스 에디슨 (Thomas Edison : 미국의 발명가)

N° 18

가장
화려한 무덤

잘나가는 팀장이신 분이 말씀하셨습니다.

"요즘 세상엔 안주하면 그곳이 바로 무덤이야."

마흔을 넘긴 나이가 무색할 만큼 열정적인 삶을 사시는 그분은 '무덤'을 만들지 않으려고 지금도 끊임없이 움직이고 계십니다.

안주하면 무덤이 되는 세상에, 우리나라 젊은이들은 더 크고 튼튼한 무덤에 들어가려고 노력하고 있는지도 모릅니다. 지금도 수많은 학생이 변화하지 않고 그저 안주하기만 해도 안정적으로 월급이 나오는 공무원이나 공기업 직원이 되려고 도서관에 모여듭니다. 우리나라에는 신도 부러워하는 '무덤'이 많이 있기 때문입니다. 사명감이 아니라 안정적인 삶을 위해 무덤을 선택한 이들에게 변화를 기대하기는 어려울 겁니다. 정부의 공기업 개혁안이 지지부진한 이유가

당신은 지금 이 순간,

어느 무덤으로

향하고

있습니까?

이해되는 부분이죠. 사회에 나가서도 마찬가지입니다. 위험을 감수하고 새로운 도전을 하기보다는 최대한 위험을 피하면서 '자리'를 지키려고 노력합니다. 이런 곳에서는 새로운 관점과 변화보다는 '눈치 보기'와 '연공서열'이 더 강력한 힘을 발휘합니다.

서울대 학생들에게 강연할 기회가 있었습니다. 그때 저는 이렇게 말했습니다.

"학벌 사회가 가져다주는 달콤함에 중독되고, 새로운 도전을 하기보다는 그저 안정적인 삶을 위해 고시에만 집착한다면, 서울대는 우리나라에서 가장 화려한 대학이 아니라 가장 화려한 무덤입니다."

이 시대에 가장 필요한 대학은 가장 많은 변화를 이끌어내는 대학입니다. 수많은 다양성이 발전적으로 경쟁하는 곳이어야 합니다. 하지만 대학이 가장 안정적인 미래를 추구하는 학생들을 만들어내는 공장이 되어가는 것 같아 아쉽습니다.

> 유목민들은 항상 옆을 바라봐야 살아남을 수 있다. 생존하려면 싱싱한 풀이 널린 광활한 초지를 끝없이 찾아 헤매야 한다. 그래서 더 뛰어난 이동 기술을 개발해야 하고 더 좋은 무기로 무장해야 한다. 그들에겐 고향이 없다. 한 번 떠나면 그만이다. 초원에는 미리 정해진 주인도 없다. 실력으로만 주인 자리를 겨룰 뿐이다. 기회는 항상 열려 있다.
>
> 살기 위해 위가 아니라 옆을 봐야 하는 수평 마인드의 사회, 살기 위해 집단으로 이동해야 하는 사회가 유목 사회다. 그 속에서 단 하루도 현실에 안주하는 게 허용되지 않는다. 끝까지 승부 근성을 놓지 않고 도전해

야 한다. 그곳에서는 '나와 다른 사람'이 소중하다. 민족이, 종교가, 국적이 다르다는 것도 무시해버려야 한다. 아니 다른 사람일수록 더 끌어들여야 한다. 사방이 트인 초원에서는 동지가 많아야 살아남고 적이 많으면 죽게 된다.

그런 사회에선 완전 개방이 최상 가치로 통한다. 모든 개인의 개방화는 사회 전체로 확산된다. 그렇게 해서 그 사회는 출신이나 조건에 얽매이지 않는, 능력에 따라 무한 가능성을 보장하는 사회가 된다. 그 속에선 효율과 정보가 무척 중요하다. 이동과 효율과 정보의 개념 속에서 시스템이 태어난다. 자리는 착취와 군림 수단이 아니라 역할과 기능을 발휘하는 곳이다. 최고 자리에 앉는 사람은 군림하는 통치자가 아니라 리더다.

김종래 (《CEO 칭기스칸》, 삼성경제연구소)

"태원 씨는 안정적인 것이 싫어요?" 이런 질문을 자주 받습니다. 그러면 저는 누구보다 안정적이고 싶은 사람이라고 대답합니다. 세상에 안정적인 것을 좋아하지 않는 사람은 없을 테니까요. 하지만 '안정'을 찾아가는 방법이 다릅니다. 변하지 않아도 되는 것이 안정적인게 아니라 끊임없이 변하는 것이 안정적인 방법이라고 생각합니다. 남들 눈에는 제가 안정적이지 못하게 계속 움직이는 것 같지만, 사실은 안정적으로 되기 위해 계속 변화하려고 몸부림치는 겁니다.

어떤 분이 '안정적인 삶 vs 행복한 삶'이라는 제목으로 인터넷에 글을 쓰셨습니다.

> 제목을 쓰면서도 참 내 마음이 빤히 보이는 제목을 쓰는구나 싶네요. 직장 5년 차, 3년만 채우고 옮겨야지 하다가, 대리만 달고 옮겨야지……. 그렇게 한 해 한 해 버틴 듯……. 명문대 나와서 대기업에 근무하고, 같이 근무하는 신랑을 만나 작년에 결혼하고……. 고소득까지는 아니어도 부모님께 적당히 효도하고, 조금씩 돈도 모아가며 그렇게 살고는 있는데, 문득문득 내가 아닌 남의 인생을 살고 있다는 생각에, 앞으로도 이렇게 계속 살아가야 하는가 하는 생각이 들면 가슴이 정말 꽉 막혀오네요.

안정적인 삶과 행복한 삶 사이에 놓인 'vs'는 우리네 상식으로는 어울리지 않습니다. 하지만 그 표현이 설득력을 얻어가는 이유는, 우리가 안정적인 삶을 위해 수많은 행복을 포기하고 있기 때문일 겁니다. 조금 더 안정적일 수 있다면 내가 하고 싶었던 일, 일에서 느끼는 재미와 성취감 등은 포기할 수 있는 사람도 많으니까요.

2008년 4월, 세계적인 음악 전문지 《BBC 뮤직 매거진》이 오페라 평론가 16인을 통해 선정한 역사상 가장 위대한 테너. 그는 플라시도 도밍고Placido Domingo(에스파냐의 성악가)입니다. 그의 홈페이지에 가면 이렇게 써 있습니다.

"If I rest, I rust(쉬면 녹슨다)."

멈춘다는 건 그 자리에 서 있는 게 아니라 뒤지는 거라는 생각으로 끊임없이 노력한 결과 '역사상 가장 위대한 테너'로 선정된 겁니다. 세계 최고인 그도 사실은 아직 완전하지 않은, 앞으로도 완전할 수 없는 영원한 베타였습니다.

"성을 쌓는 자는 망하고, 끊임없이 이동하는 자는 승리할 것이다." 돌궐 제국의 명장 투뉴쿠크의 비문에 써 있는 말입니다. 끊임없이 이동하면 가장 안정적인 성이 기다리고 있을 겁니다. 이제 변화를 위해 움직이세요. 스스로 깨면 병아리가 되고, 남이 깨면 프라이가 된다고 합니다.

옆의 사진은 세계적 MBA인 컬럼비아 MBA 광고입니다. 미국 금융 위기 이후 전 세계는 경제공황에 빠졌고, 변화는 이제 생존을 위한 필수 조건이 되었습니다. 시장이 변하고, 경쟁 상황이 변하고, 조직이 변합니다. 당신의 경쟁력을 위해서 무엇을 변화시키고 있느냐고 묻는 이 광고를 보니 머릿속에서 '쿵' 하는 소리가 들립니다.

Think outside box

- 변화는 가장 불편한 옷을 입는 것이다.
- 화려한 성은 곧 화려한 무덤이 될 수 있다.
- 가장 안정적인 방법은 계속 변하는 것이다.
- 영원한 베타가 되어라.

바람은 늘 나를 향해 불어오지만
곧 내 뒤로 사라지거든요.
사연도, 세월도, 아픔도
다 그렇게 사라져요.
새로운 바람을 맞아야 하는데,
지나간 바람을 붙잡을 시간이
어디 있어요.
슬픔과 아픔을 잡은 채
힘들어하지 말고 버릴 것은 버리세요.

__인순이 (가수)

아버지의
마지막 선물

2008년 9월 23일 오전 9시 25분. 이날 저는 제 인생에서 가장 소중한 분을 잃었습니다. 그리고 그분은 그날 마지막 선물을 제게 남겨주셨죠.

무뚝뚝하고 엄하셨던 아버지. 작은할아버지의 큰아들로 태어나셨지만, 대를 잇지 못한 큰할아버지 댁에 양자로 가셨습니다. 그때부터 아버지의 삶은 쉽지 않았던 것 같습니다. 네 명의 부모를 모셔야된다는 부담감, 그리고 마음처럼 되지 않는 세상. 지독한 사랑과 관심 속에서 자라난 아버지는 받는 것에는 익숙하셨지만, 부모님 품처럼 따뜻하지 않은 세상과 마주하기가 힘겨우셨던 것 같습니다. 그래서 술에 많이 의지하셨고, 세상에 대한 분노를 가족을 향해 쏟아 내신 적도 많았습니다. 그럴 때마다 아버지와 저 사이는 조금씩 더 멀

감사합니다! 당신께
사랑합니다! 당신을

어졌고, 어머니의 한 맺힌 삶은 그 농도를 더해갔습니다. 아버지의 삶을 생각하면 소리 없이 눈물만 흐릅니다.

무뚝뚝한 경상도 남자. 그래서였는지 저는 지금까지 한 번도 아버지에게서 생일 선물을 받아본 기억이 없습니다. 올해도 어김없이 그랬습니다. 그리고 보니 저 또한 아버지 생신을 제대로 챙겨드린 적이 없군요. 아버지에 대한 미움 때문에 생신 축하 전화 한 통 해드리기가 죽기보다 싫어서, 그런 제 모습이 너무 어색할 것만 같아서 몇 번이고 망설였습니다. 아무리 생각해도 저는 불효자네요. 하지만 아버지께서 돌아가시던 날, 아버지께서는 그런 제게 마지막 선물을 주고 멀리 떠나셨습니다.

건강한 탓에 병원과 친하지 않았던 저는 소중한 사람이 입원을 하면 휴대전화 울리는 게 가장 두렵다는 것을 처음으로 알게 되었습니다. 평소에 휴대전화가 울리면 누군가 나를 찾는다는 것이 반가웠지만, 병원에서 울리는 휴대전화는 안타까운 소식을 전하려는 의사에게서 올 확률이 높기 때문입니다. 바깥세상에서 휴대전화의 울림이 살아 있음의 연결을 위한 것이라면, 병원에서 울리는 휴대전화는 삶과 죽음을 이어주는 전주곡일지도 모릅니다. 중환자실에 입원하신 아버지를 생각하며 저는 손에서 휴대전화를 놓지 않았습니다. 혹시 의사에게서 급한 전화가 올지도 모르기 때문입니다. 그리고 벨이 울리면 제 심장은 터져버릴 것처럼 뛰기 시작합니다. 부디 아무 일 없기를……. 수차례 마음을 가다듬고 전화를 받았습니다. 쉬지 않고 달려간 중환자실, 의료기기에 생명을 의지하신 아버지께서는 여전히 의식이 없으셨고 의사는 조심스럽게 말을 꺼냈습니다.

"이미 50~70퍼센트는 어렵다고 봐야 해요. 하지만 아직 젊으시기 때문에 여기서 포기하지 않고, 모든 방법을 동원해서 노력해보겠습니다."

'포기하지 않고…….'

포기라는 말이 의사 선생님 입에서 나왔을 때 제 가슴은 한없이 무너졌습니다. 하지만 곧 이어진 포기하지 않겠다는 말, 그 말이 정말 고마웠습니다. 그래서 눈물이 흘렀습니다.

이튿날 아버지는 먼 세상으로 여행을 떠나셨습니다. 저는 임종을 지키지 못했습니다. 평소에도 대화가 없었던 저와 아버지는 그날도 그렇게 마지막 인사조차 하지 못한 채 이별해야 했습니다. 사람이 죽을 때 마지막까지 살아 있는 감각이 청각이라고 합니다. 그래서 그때가 되면 의사는 가슴속에 묻어둔 말을 하라고 한다는데 아버지께서는 며칠 동안 의식이 없으셨고, 그렇게 이별을 고하셨습니다. 아버지 무덤 앞에 무릎을 꿇고 두 손으로 흙을 움켜쥐고 소리쳐 보았지만, 아버지는 역시 아무런 말씀이 없으셨습니다.

장례식을 치르고 서울로 올라오면서 그날 의사 선생님이 하신 말씀이 아버지께서 제게 남겨주신 마지막 선물일 거라는 생각이 들었습니다.

"이제 아버지도 없고, 어머니·여동생·할아버지·할머니 모시려면 쉽지 않을 거다. 어린 나이에 짊어진 짐이 너무 무거워 때로는 포기하고 싶을 때도 많겠지. 하지만 70퍼센트 이상 포기해야만 하는 상황일지라도 포기하지 말고 꿋꿋하게 잘 살아가길 바란다."

중환자실에 입원하신 후 돌아가시기까지 한마디도 못하시고 가셨지만, 아버지께서 돌아가시기 전에 의사를 통해 제게 전해주신 마지막 선물이라고 생각합니다. 그래 포기하지 말아야 해. 실패가 눈앞에 보여도, 더 이상 방법이 없어도, 30퍼센트의 가능성만이 남아 있더라도 포기하지 말고 끝까지 해보는 거야.

아버지를 때로는 미워했고, 가족이라는 이름이 폭력처럼 느껴져서 남몰래 눈물을 흘린 적도 많았습니다. 어머니가 겪으신 것에는 비교조차 할 수 없지만, 지난 수십 년 동안 아버지 때문에 흘린 눈물의 양을, 가슴 졸인 수많은 나날을 감히 모두 헤아릴 수 없을 겁니다. 우리 가족만이 가슴속에 묻어둔 아픈 사연들. 슬퍼도 울 수 없었고, 그 아픔만큼 저는 더 웃어야 했습니다. 아버지께서 살아 계실 때, 저는 단 한 번도 사랑한다는 말을 못 했습니다. 안 했다는 표현이 더 정확할 겁니다. 참 많이 외로우셨을 겁니다. 책을 통해서, 강연을 통해서, 기회는 놓치면 후회가 된다고, 그러니 놓치지 말라고 말해왔지만, 결국 저는 세상에서 가장 소중한 기회를 놓치고 말았습니다. 그리고 바보처럼 후회하고 있습니다. 그리워할 수 있는 아버지의 향기 하나 갖지 못한 가난한 아들이 되어.

저는 가장 소중한 아버지라는 존재를 미움으로 가득 찬 박스 안에 가둬두고 살아왔습니다. 그리고 더 이상 곁에 없는 아버지를 처음으

로 미움의 박스에서 꺼내드리며 후회하고 있습니다. 아버지를 박스 안에서 자유롭게 해드렸을 때, 비로소 아버지께서 주신 소중한 마지막 선물을 받을 수 있었습니다. 하지만 여전히 후회하고 아파합니다.

어쩌면 여러분도 아버지를, 혹은 어머니를 박스 속에 가둬두었는지도 모릅니다. 감사하고, 소중히 하고, 존경하고, 사랑해야 할 분들입니다. 꺼내주시기 바랍니다.

아버지 장례식을 마치고 한동안 슬픔에 잠겨 있었지만, 저는 곧 힘을 내기로 했습니다. 어쩌면 아버지와의 이별이 제 인생에는 기회라는 생각이 들었기 때문입니다. 아버지의 죽음과 기회는 정말 어울리지 않은 말입니다. 하지만 저는 다르게 생각합니다. 이제 아버지가 안 계시기 때문에 저는 더 열심히 살아야 합니다. 아버지께서 제가 삶에 대한 열정을 잃지 않고 더 노력할 수 있도록 해주신 거죠. 슬픔에 잠겨 눈물을 흘리고 있으면, 눈앞에 새로운 기회가 와도 눈물이 앞을 가려서 보이지 않습니다. 얼른 눈물을 닦아야 합니다. 그래야 다시 찾아오는 새로운 기회를 볼 수 있으니까요.

저는 아버지께서 주고 가신 마지막 선물을 많은 사람과 나누려고 합니다. 그리고 저보다 더 슬픈 일에 힘들어하는 사람들이 눈물을 닦을 수 있도록 도와주고 싶습니다.

"아버지, 꼭 지켜봐 주세요. 씩씩하게 잘해낼 거니까. 절대 포기하지 않을 거예요. 아버지께서 주신 마지막 선물이니까요. 행복하세요."

아들 태원 올림

Think outside box
- 인생에서 가장 커다란 슬픔은 인생에서 다시 없을 기회가 될 수도 있다.
- 슬플수록 빨리 눈물을 닦아야 새로운 기회가 보인다.
- 부모님을 당신이 가둔 박스에서 꺼내드리자.

삶이란 우리의 인생 앞에
어떤 일이 생기느냐에 따라
결정되는 것이 아니라
우리가 어떤 태도를 취하느냐에 따라
결정되는 것이다.

__존 호머 밀스 (John Homer Mills : 작가)

굳은살과
흉터 만들기

N° 20

   다음 쪽에 나오는 그림을 처음 보면 추상화 같기도 해서 무엇을 그린 것인지 알기 어렵습니다. 사실 저도 제목을 보기 전에는 무엇을 그린 그림인지 알 수 없었습니다. 그것은 윌리엄 터너William Turner(영국의 화가)의 〈눈보라, 하버 만의 증기선〉이라는 작품입니다. 폭풍이 몰아치는 바다를 항해하고 있는 증기선을 그린 겁니다. 화가는 이 그림을 그리려고 폭풍이 몰아치던 날 바다에 나가 범선의 돛에 자신을 묶고 직접 관찰하고 느꼈다고 합니다. 아마 폭풍이 치는 날 배를 타본 적이 없는 여러분도 태풍으로 높은 파도가 치는 바다를 항해하는 배를 그릴 수 있을 겁니다. 하지만 머리로 상상해서 그린 그림과 직접 생생하게 체험한 후 그린 그림이 주는 느낌은 전혀 다르다고 생각합니다. 처음에는 추상화처럼 보였던 이 그림이 이제

무엇이 보이시나요?

제게는 사진보다 더 느낌이 살아 있는 그림으로 보입니다. 그저 앉아서 생각하는 것과 직접 부딪쳐서 느끼는 것은 이렇게나 다른 결과를 가져옵니다.

2004년 무더운 여름날이었습니다. 《대학내일》이라는 대학생 매거진에서 학생 리포터로 활동하던 저는 인사동에 있는 노점상을 취재한 적이 있습니다. 액세서리를 파는 아주머니 옆에서 하루 종일 함께 지내며 액세서리도 팔아보고 그네들의 이야기도 들어가며 현장의 느낌을 담아야 하는 기사였습니다. 인사동도 8월의 무더위는 피할 수 없었습니다. 더위 때문에 온몸은 땀범벅이 되었고, 저는 그저 점심시간이 되기만을 기다렸습니다. 당연히 머릿속에는 식당의 시원한 에어컨을 그리고 있었죠. 하지만 점심시간에 제 앞에 나타난 것은 에어컨 바람이 아니라 몇 가지 밑반찬과 함께 배달된 국밥이었습니다. 노점상을 생업으로 삼으시는 분이 점심을 위해 자리를 비울 수는 없는 노릇이라는 걸 어린 저는 알지 못했습니다. 저는 그저 제 생각의 박스에 머물러 있었던 거죠.

휴식도 잠시, 아주머니의 치열한 밥벌이의 지겨움은 계속되었습니다. 어느덧 시간은 밤 9시가 넘었고, 하루를 마무리할 시간이 되어 아주머니와 함께 리어카에 비닐을 씌우며 자리를 정리하기 시작했습니다. 그런데 갑자기 하늘에서 소나기가 쏟아졌습니다. 더위로 땀범벅이 된 저는 장사를 마치고 정리하는 순간에 내리는 비가 그렇게 시원할 수 없었습니다. 마치 연출된 영화의 한 장면처럼, 어떻게 장사를 마칠 때의 그 절묘한 타이밍에 맞춰 비가 내릴 수 있나 싶어 신기해하고 있었습니다. 그래서 아주머니를 보며 말했습니다. "장사를 마치려고 하는데 시원하게 비가 오니 정말 영화 같지 않아요?" 그러자 아주머니께서 말씀하셨습니다. "학생은 비가 영화처럼 느껴질지 모르지만, 액세서리 팔아서 생계를 잇는 사람에게는 비 한 방울이 액세서리에 묻어 녹이 슬까 봐 잠이 오지 않는다네."

강의실에서 마케팅 수업을 들을 때 교수님이 말씀하셨습니다. "고객 지향적으로 생각해라." 저는 의자에 기대앉아 고개를 끄덕이며 '그래! 고객 지향적으로 생각해서 고객의 니즈를 파악하면 되는 거야'라고 생각했습니다. 하지만 저는 고객 지향적인 것이 무엇인지 안다고 착각하고 있던 학생이었습니다. 제가 만약 고객 지향적인 것이 무엇인지 깨달았다면 내리는 소나기를 보며 '영화 같다'고 말할 수 없었을 겁니다. 저는 바로 인사동 리어카 앞에서 마케팅을 배웠습니다. 아주머니의 말을 통해 '고객 지향적으로 생각한다'는 것이 무엇인지 배울 수 있었죠. 그렇게 저는 마케팅을 발로 배우기 시작했습니다.

발로 배웠던 경험은 굳은살처럼 제 기억 속에 남아서 조금씩 경쟁력을 발휘하기 시작했습니다. 마케팅 쪽에 관심이 많았던 저는 면접 때나 자기소개서를 쓸 때 남들과는 다른 이야기를 할 수 있었으니까요.

저와 같은 조가 되어 면접을 보던 한 학생이 말했습니다.

"저는 ○○ 회사에서 훌륭한 마케터가 되기 위해 대학 생활을 하는 동안 마케팅 학회에서 활동했고, 마케팅 관련 수업을 들었으며, 마케팅 공모전에 도전해서 여러 번 수상했습니다. 그리고 마케팅 부서에서 인턴 경험을 쌓으며 강의실 밖의 마케팅에 대해 배울 수 있었습니다."

이번에는 다른 학생이 말했습니다.

"저는 ○○ 회사에서 훌륭한 마케터가 되기 위해 대학 생활을 하는 동안 마케팅 학회에서 활동했고, 마케팅 관련 수업을 들었으며, 마케팅 공모전에 도전해서 여러 번 수상했습니다. 그리고 마케팅 부서에서 인턴 경험을 쌓으며 강의실 밖의 마케팅에 대해 배울 수 있었습니다."

어쩌면 이리도 비슷한 내용일까요? 수많은 지원자 틈에서 자신을 차별화할 수 있는 마케팅을 해야 할 마케팅 부서 지원자들이 결국은 '저는 남들과 별로 다르지 않습니다'라는 이야기를 하고 있었습니다. 남들과 다른 인재로 보이려고 남들처럼 준비한 역설적인 상황이 낳은 결과였죠. 저는 이렇게 시작했습니다.

"저도 앞의 친구들처럼 대학 생활을 하면서 마케팅 공모전, 마케팅 수업, 마케팅 인턴 등 다양한 경험을 쌓으려고 노력했지만 정작 제게 마케팅을 가르쳐주신 분은 인사동에서 액세서리를 파는 노점상 아주머니셨습니다. 그리고 저는 인사동 길바닥에서 마케팅을 배웠습니다."

면접관은 관심을 보이기 시작했습니다. 노점상 아주머니에게 마케팅을 배웠다니? 인사동 길바닥에서 마케팅을 배웠다니? 여러 가지 호기심이 발동한 모양입니다. 그러면 저는 앞서 소개해드린 내용에 대해 진심을 담아 이야기합니다. 남들과 '다른' 이야기는 남들과 '다른' 효과를 발휘했던 것 같습니다. 발로 배웠기에 그때 상황을 좀 더 생생하고 진솔하게 전달할 수 있었죠. 물론 결과도 좋았습니다. 여러분은 혹시 남들과 다른 경쟁력을 갖기 위해 남들처럼 준비하고 있는 건 아닌지 한번 생각해봤으면 좋겠네요.

검색만 하면 원하는 것을 알 수 있는 편리한 세상에, 발품을 팔며 무엇을 배운다는 건 비효율적인 것으로 보이기 쉽습니다. 미련하다고 비난을 받을 수도 있습니다. 그런데 정말 비효율적일까요? 열심히 발품을 팔면 어떤 일이 벌어질까요? 발에는 아마 굳은살이 박일 겁니다. 그런데 발로 배운 것은 마치 이 굳은살처럼 박여서 잘 잊어 버리지 않습니다. 그저 평범한 지능밖에 갖고 있지 못했던 저는 머리 대신 발에 의지하기로 했죠. 그래서 대학 생활을 하는 동안 누구보다 열심히 발을 움직였습니다. 머리로 공부하면 며칠만 지나도 깔끔하게 까먹던 것들이 발로 배우니 몇 년이 지난 지금까지도 생생하게 남아 있습니다. 그리고 몸으로 느끼며 절실하게 배울 수 있었죠. 저는 보고서를 쓸 때도 컴퓨터 앞에서 자료를 찾아 이리저리 끼워 맞추기보다는, 시간이 많이 걸리고 힘들고 춥고 배고픈 방법을 택했습니다. 일종의 똑똑지 못한 학생의 차별화 전략인 셈입니다. 그런데 발로 많이 뛴 보고서일수록 높은 점수를 받았습니다. 그렇다면 발로 배우는 것이야말로 가장 효율적인 방법이 아닐까요?

이제는 최고의 스타가 된 박지성 선수. 어느 날 박지성 선수의 발 사진을 보았습니다. 박지성 선수의 화려함과 정확히 대비되는 상처투성이. 곳곳에 굳은살이 박여 있었습니다. 누군가 박지성 선수의 발이라고 써놓지 않았다면 저는 이것이 그의 발이라고 상상조차 할 수 없었을 겁니다. 하지만 박지성 선수는 알고 있을 겁니다. 발에 박인 굳은살과 수많은 상처가 지금의 자신을 만들어놓았다는 것을요.

만화 《타짜》의 스토리 작가인 김세영 씨는 사실 화투를 잘 몰랐다고 합니다. 그래서 지리산까지 발품을 팔았습니다. 지리산에 가서 왕년의 타짜와 밤새 술을 마시며 그들의 생생한 이야기를 가슴에 담아왔다고 합니다.

발로 배우는 것에 버금갈 만큼 효율적인 방법이 하나 더 있습니다. 바로 맨땅에 헤딩을 하는 겁니다. 맨땅에 헤딩을 하면 아프겠죠. 때로는 피가 흐를 겁니다. 그런데 피가 그치고 나면 딱지가 앉고, 그 딱지가 아물면 흉터가 남습니다. 맨땅에 헤딩 하면서 배운 것은 마치 이마에 남은 흉터 같습니다. 영원히 나에게 남아 쉽게 잊어버리지 않게 되니까요. 새로운 분야에 도전하면 처음에는 맨땅에 헤딩을 할 수밖에 없습니다. 사회학과 학생이던 제가 마케팅 공모전에 도전했을 때 그랬죠. 계속 반복되는 시행착오와 실패로 정말 엄청나게 많은 피를 흘렸습니다. 그런데 시간이 지나고 보니 제가 가장 많이 배웠던 때는 시행착오를 겪고 다른 방법을 고민하며 그 순간을 극복했을 때였습니다. 이마에 남을 흉터를 두려워하지 않고 피나게 배웠더니 이제는 영원히 잊어버리지 않을 흉터로 남아 있습니다. 그런 경험 덕분에 사회에 나와서도 전에 접하지 못한 새로운 문제에 직면하더라도 자신감이 생겼습니다. 해보지도 않고 포기하는 일은 없었으니까요.

얼마 전 서울 청계4가 세운상가 3층에 자리 잡은 한 식당에 취재를 하러 간 어느 기자의 기사를 읽었습니다. 점심시간이 되자 배달을 원하는 전화가 정신없이 울려대기 시작했답니다. 그러다가 오후 2시가 좀 넘자 배달 주문이 잦아들었고, 아주머니도 한숨을 돌리는 듯싶어 "이제 좀 쉬시겠네요?"라고 말했다고 합니다.

"무슨 소리야.
아까 배달했던 그릇들 도로 찾아와야지."

아주머니의 말을 들은 기자의 마음이, 소나기를 보면서 영화 같다고 말했다가 노점상 아주머니께 혼났던 제 마음과 비슷할 것 같아 씩 웃었습니다.

> **Think outside box**
> • 경험하면 보이나니 그때 보이는 것은 전과 같지 않다.
> • 발로 배우면, 발에 박인 굳은살처럼 한 번 배운 것이 잊혀지지 않는다.
> • 맨땅에 헤딩 하면서 배우면, 머리에 남은 흉터처럼 영원히 내 것이 된다.

사람들 앞에서 웃는다는 것은
바보처럼 보이는 위험을 무릅쓰는 겁니다.
다른 사람에게 다가가는 것은 그에게
속을 수 있는 위험을 무릅쓰는 겁니다.
사랑한다는 것은 사랑받지 못할
위험을 무릅쓰는 겁니다.
믿는다는 것은 실망할지도 모를 위험을
무릅쓰는 겁니다.
노력한다는 것은 실패할지도 모를
위험을 무릅쓰는 겁니다.

그러나 모험은 감행돼야 합니다.

모험하지 않은 이들은 그 순간의 고통이나
슬픔을 피할 수 있을진 모르지만,
결코 배울 수 없고, 느낄 수 없으며,
변화할 수 없고, 성장할 수 없으며,
사랑할 수 없고,
진정으로 승리할 수 없기 때문입니다.

__정진홍 《완벽에의 충동》, 21세기북스

'몹시 놀라거나 불안하여 가슴이 자꾸 뛰는 모양'을 뜻하는 말은?
두근두근.

생각해보면 가슴이 두근거렸던 일이 한두 번이 아니었네요. 수능 시험을 볼 때 정말 가슴이 두근거렸습니다. 혹시 시험을 못 봐서 몇 년 동안 들인 노력이 무의미해질까 봐 몹시 불안했죠. 입사 인터뷰를 할 때도 마찬가지였습니다. 우리가 원하는 회사, 그리고 우리를 원하는 회사가 만나 서로를 더 잘 알기 위해 대화를 해야 할 자리는 어느덧 질문과 답변만 존재하는 일방통행이 되어버립니다. 그래서 혹시 내가 모르는 질문을 받으면 어떻게 하나 불안합니다. 가슴은 더 심하게 두근거리기 시작하죠. 때로는 참으로 안타까운 악순환이 벌어집니다. 면접관의 질문에 답변하는 순간 긴장으로 떨리는 자기

두근거리시나요?
긴장하지 마세요.
바로 지금이 기회입니다.

목소리가 들리면 심장은 더 두근거리고 목소리는 더 떨립니다.

　이상형인 이성이 눈앞에 나타납니다. 가슴이 두근거립니다. 사랑에 빠질 수 있는 기회가 왔네요. 나를 두근거리게 만들었던 수능이 없었다면, 입사 면접이 없었다면, 캠퍼스의 추억도, 사회에서 자신의 자리도 찾기가 쉽지 않았을 겁니다. 축구 경기에서도 우리 팀이 골을 먹을까 봐 불안해 가슴이 두근거렸던 순간을 잘 넘기고 나면 어김없이 역습의 기회가 왔던 것 같습니다. 가슴이 두근거린다는 것은 기회가 왔다는 신호입니다.

> 교회는 이미 사람들로 꽉 차 있었고, 사진기자와 나는 교회 뒷문에 진을 칠 계획으로 언덕에 올랐다. 그때 나는 마침 따르는 기자들 없이 경호원 두 명과 걸어가는 지미 카터를 보았다. 그들은 막 교회로 들어가려던 참이었고, 내 심장은 빠르게 뛰었다. 이런 기회가 오리라고 예상하지 못했던 나는 아무런 준비도 되어 있지 않은 상황이었다. 하지만 이것이야말로 절호의 기회였다. 나는 하이힐을 신은 채 잔디 위를 뛰었고, 전직 대통령과 일대일 인터뷰를 따냈다.
>
> 　기회는 생기게 마련이다. 심장이 두근거린다고 해서, 긴장된다고 해서 그 기회를 놓쳐서는 안 된다.
>
> 수잔 베이츠 《사람을 움직이는 리더의 대화법》, 더난출판)

　"심장이 두근거리고 손바닥에 땀이 흥건하다면, 그것은 주로 기회가 왔다는 신호다."

대학교 때 일입니다. 저는 학교에 붙어 있는 어느 회사의 리크루팅 포스터를 보다가, 포스터에 쓰인 메시지가 마음에 들었습니다. 그래서 포스터를 떼어 집에 가져가려고 주위의 눈치를 살피기 시작했죠. 그때부터 가슴이 두근거리기 시작했습니다. 혹시 누가 보면 어떻게 하나 불안했기 때문입니다. 만약 포스터를 떼고 있는 제 모습을 누군가 본다면, 모두가 봐야 할 포스터를 자기만 보려고 떼고 있는 이기적인 사람으로 낙인찍힐지도 모릅니다. 제 친구가 봤다면, 용돈이 없어서 아르바이트를 하고 있다고 생각할 수도 있겠죠. 그러면 상당히 창피할지도 모릅니다. 하지만 그 두근거림은 제게 기회가 되었습니다. 저는 그 포스터를 제 방 벽에 붙였습니다. 그리고 "Are you passionate? You lead"라는 메시지를 보며 하루를 마무리하고,

또 시작할 수 있었습니다. 그 포스터 덕분에 조금씩 나태해져만 가는 제 자신에게 새로운 자극을 주고, 좀 더 열정적으로 대학 생활을 보낼 수 있었습니다. 다시 생각해봐도 포스터를 떼려고 했을 때의 두근거림은 기회가 왔다는 신호였습니다.

구글에 입사하기 전에 저는 3개월에 걸쳐 약 열 번의 인터뷰를 해야 했습니다. 매 인터뷰를 하기 위해 회사로 갈 때마다 '오늘은 어떤 질문을 받을까?', '내가 모르는 것이 있으면 어떻게 해야 하지?' 등 이런저런 걱정에 가슴이 두근거렸습니다. 구글에 입사한 것은 제 인생에서 몇 안 되는 잘한 선택이라고 생각합니다. 늦은 시간까지 일하면서도 제가 좋아하는 회사에서 좋아하는 일을 할 수 있다는 것이 마치 하늘이 주신 기회처럼 느껴집니다. 두근거림, 그것은 기회가 왔다는 신호였네요. 열 번의 인터뷰 중에 가장 가슴이 두근거렸던 순간은 바로 마지막 인터뷰였습니다. 구글 입사와 가장 가까워진 순간, 기회가 가장 가까워진 순간이기도 합니다.

물론 두근거림 때문에 도전하지 않고 포기한 적도 많습니다. 마음에 드는 여자를 그냥 떠나보낸 적도 있고, 수업 시간에 질문을 하려고 손을 들까 말까 망설이다가 그만둔 적도 있죠. 잠시 마음은 편했을지 모르지만 제가 좀 더 많은 것을 배울 수 있는 기회도 함께 사라졌습니다.

대학교 4학년 때의 일입니다. 취업지원실에서는 모의 면접이라는 취업 지원 프로그램을 운영했습니다. 모의 면접이란 기업의 인사 담당자를 모셔서 마치 실제로 회사 면접을 보는 것처럼 자기소개서와 이력서를 내고 면접을 보는 겁니다. 시간적인 제약으로 모두에게 기회를 줄 수 없기 때문에, 사전에 모의 면접에 참가할 학생의 지원을 받습니다. 저도 취업을 대비해서 참여해보고 싶었습니다. 하지만 저는 망설였습니다. 모의 면접이 수백 명이 보는 큰 강의실에서 진행되기 때문입니다. 혹시 실수라도 하면 큰 망신을 당할지도 모른다는 불안감, 수많은 학생이 저를 보고 있다는 부담감을 생각만 해도 가슴이 두근거렸습니다. 다른 사람이 모의 면접 하는 것을 보고 간접적으로 체험해보라는 취지였지만, 무대에 올라서서 모의 면접을 보는 사람에게는 이보다 가슴 두근거리는 일도 없을 겁니다. 그래서 저는 지원하지 않았고, 수많은 학생 틈에서 모의 면접에 참여한 용기 있는 학생들을 바라보며 가슴이 두근거리지 않아도 된다는 사실에 안도의 숨을 내쉬었던 것 같습니다.

한 학기가 지나고 이제는 대학생보다는 취업 준비생이라는 이름이 더 익숙한 마지막 학기를 맞았습니다. 이번 학기에도 어김없이 모의 면접은 진행됐습니다. 이번에는 모의 면접에 지원해서 직접 체험해보고 싶었습니다. 모의 면접이 열리던 날, 저는 모의 면접을 하는 강의실 맨 앞에 앉아서 순서를 기다리고 있었습니다. 제 차례가 가까워올수록 가슴은 더 심하게 두근거리기 시작했습니다.

살짝 뒤를 돌아보니 지난 학기에 그랬던 것처럼 수많은 학생이 모의 면접이 진행되는 장면을 보고 있었죠. 모의 면접에 참여한 학생이 면접관의 질문에 제대로 대답하지 못하자 제 뒤에서는 웃음이 터지기도 했고, 저렇게 쉬운 질문에도 대답을 못한다며 흉을 보는 학생들도 있었습니다. 가슴이 두근거리는 소리가 이제는 온몸에서 들리는 듯했습니다.

제 차례가 돌아왔고, 저는 무대 위로 올라가서 면접에 임했습니다. 하지만 온 세상이 두근두근하는 것처럼 느껴지던 그 순간이 제게 얼마나 큰 기회였는지를 곧 깨달을 수 있었습니다.

모의 면접에 참여하려면 약 1주일 전에 이력서와 자기소개서를 제출해야 했습니다. 그래서 저는 세계적인 컨설팅 회사인 매킨지에 지원한다는 내용의 자기소개서와 이력서를 써서 제출하고 모의 면접을 보았습니다. 면접관으로는 국내 대기업 인사 담당자 세 분과 영어 면접을 위해 외국계 회사의 인사 담당자 한 분이 계셨습니다. 드디어 제 차례가 돌아왔습니다. 국내 기업 인사 담당자 분과 인터뷰가 끝나고 영어 인터뷰가 시작되었습니다. 외국계 회사에서 오신 여자 인사 담당자 분은 제게 "커리어 골이 무엇이냐?"라고 물었습니다. 그래서 저는 토크쇼 진행자가 되는 것이라고 대답했습니다. "매킨지와 토크쇼 진행자가 어떤 관련이 있느냐?"라는 질문이 이어졌습니다.

"먼저 역량 있는 토크쇼 진행자가 되려면 논리적으로 생각하는 능력이 필요할 뿐 아니라, 특히 비즈니스 영역도 다룰 수 있는 토크쇼 진행자가 되려면 다양한 인더스트리를 경험하는 것도 중요합니다. 매킨지의 컨설턴트가 되면 다양한 인더스트리에서 컨설팅 하는 기회를 얻을 수 있을 뿐 아니라 매킨지식 사고방식을 배움으로써 논리적으로 생각하는 능력도 기를 수 있기 때문에, 매킨지의 컨설턴트가 되는 것과 토크쇼 진행자가 되는 것은 많은 관련성이 있다고 생각합니다."

당시에 저는 실제로 매킨지에 서류전형을 통과한 상황이었습니다. 모의 면접을 보고 나서 자리로 돌아가 앉는 순간 매킨지에서 논리력 테스트 합격을 통보하는 문자가 왔습니다. 다른 지원자의 모의 면접이 진행되고 있었기 때문에 소리를 지를 수는 없었습니다. 그래서 기쁜 마음에 두 주먹을 꼭 쥐었던 것이 생각납니다. 그날이 외국계 회사에서 오신 여자 인사 담당자 분과의 운명 같은 인연의 시작이었다는 것을 전혀 깨닫지 못하고 말입니다.

매킨지의 1차 인터뷰를 통과한 저는 2차 인터뷰에서 프로페셔널한 매력이 넘치는 한 여성 컨설턴트 분을 만나게 되었습니다.

"김태원 씨의 커리어 골은 무엇이죠?"

"저는 비즈니스 영역도 다룰 수 있는 칼럼니스트나 시사 토크쇼 진행자가 되고 싶습니다."

"토크쇼 진행자요? 재밌네요. 매킨지 지원자 중에 그런 커리어 골을 가진 사람은 처음 봅니다. 토크쇼 진행자가 되는 것과 매킨지에서 일하는 것은 어떤 관련이 있죠?"

저는 모의 면접에서 말했던 것과 동일한 대답을 했습니다. 만약 여러분에게 커리어 골이 무엇이냐고 물었다면 어떻게 대답하시겠습니까? 매킨지가 세계 최고의 CEO 양성소라고 불리는 만큼 지원자들의 꿈이 CEO인 경우가 많습니다. 제가 이 질문에 토크쇼 진행자가 되고 싶다고 대답했다고 하니 제 주위의 많은 분이 근심 어린 표정으로 말씀하셨습니다.

"세상은 그리 순진한 곳이 아니다. 토크쇼 진행자가 되는 게 꿈인 녀석이 무슨 컨설팅 회사에 지원하느냐? 비즈니스 컨설팅 회사인 만큼 그들 코드에 맞게 그냥 훌륭한 CEO가 되는 게 꿈이라고 대답해라. 일단 합격하는 게 우선이고, 너의 꿈은 그 후에 천천히 준비하면 되는 것 아니냐?"

물론 그런 주위 분들의 조언을 쉽지 지나쳐버릴 수는 없었습니다. 경험과 판단력이 부족한 저의 경솔함은 아니었는지 걱정한 것도 사실입니다. 하지만 거짓말을 하기는 싫었습니다.

운 좋게 2차 인터뷰까지 통과하고 최종 인터뷰에 진출했습니다. 대기실에서는 최종까지 오른 지원자 넷이 기다리고 있었습니다. 우리는 그 많은 지원자 중에 최종에 오른 네 후보가 된 것을 믿기 어려워하며 서로를 격려했습니다. 잠시 후 대기실 문이 열리더니 어디서 본 듯한 여자 분이 대기실에 들어오셨습니다. 그분은 제가 학교에서 모의 면접을 했을 때 영어 면접을 하러 오셨던 외국계 회사의 인사 담당자 박은영 씨였습니다. 저는 정말 깜짝 놀랐습니다.

"김태원 씨 놀랐죠? 김태원 씨가 면접 보러 우리 회사에 오는 날마다 저는 사무실에서 나오지 않고 숨어 있었어요. 괜히 저와 마주

치면 놀라서 인터뷰할 때 방해가 될까 봐서요."

매킨지 리크루팅 매니저인 박은영 씨는 고려대에서 모의 면접을 보기 전에 매킨지에 지원하겠다는 저의 자기소개서를 보고 회사에 전화를 걸어 혹시 이번에 제가 매킨지에 지원했는지, 논리력 테스트를 통과했는지 확인했다고 합니다. 그리고 시험을 통과한 상태라는 것을 알고 자신이 매킨지에서 왔다는 것을 철저히 감추셨기 때문에 누구도 그분이 어느 회사 출신인지 알 수 없었습니다.

"혹시 2차 면접 때 여자 컨설턴트께서 김태원 씨 커리어 골이 뭐냐고 묻지 않았나요? 그 컨설턴트 분이 김태원 씨를 인터뷰하러 들어가기 전에 제가 한번 물어보라고 부탁드려봤어요. 그런데 인터뷰 결과를 보니 김태원 씨가 모의 면접 때 말했던 것처럼 토크쇼 진행자가 되고 싶다고 솔직하게 말했더군요. 많은 분이 매킨지는 장차 CEO가 되려는 꿈을 지닌 지원자를 선호한다고 잘못 알고 계시는데, 우리는 김태원 씨처럼 그것이 무엇이든 간에 자신의 꿈에 대한 확신과 열정이 있는 사람을 좋아합니다. 그것이 바로 매킨지가 바라는 인재상이죠. 혹시 김태원 씨가 그 질문에 거짓말을 하셨다면 최종 면접에 오지 못했을지도 몰라요. 매킨지는 거짓말하는 사람을 좋아하지 않거든요."

제가 만약에 가슴이 두근거리는 일을 피하고 싶어 모의 면접에 지원하지 않았다면 과연 어떤 결과가 나왔을까요? 두근거리는 불안감을 이겨내고 참가한 모의 면접은 결과적으로 제 꿈에 대한 열정을 매킨지에 보여줄 수 있었던 멋진 기회였던 셈입니다.

　사실 가슴이 불안해서 두근거리는 일은 불편하고, 힘들고, 인내가 필요하고, 피하고 싶은 일입니다. 하지만 '두근두근'의 정의를 박스 밖에서 생각하면 기회가 왔다는 신호라는 것을 잊지 않았으면 좋겠네요. 두근거리는 모험을 감행합시다. 더 나은 기회가 우리를 기다리고 있으니까요.

Think outside box
- '두근두근'은 불안해서 가슴이 뛰는 모양이 아니라 기회가 왔다는 신호다.
- 가슴 뛰는 삶을 사는 방법은 두근거리는 환경에 자신을 노출시키는 것이다.

사람의 불행과 행복을
좌우하는 것은 비교다.

_T. 풀러 (Thomas Fuller : 영국의 역사가)

비교하고
싶은
당신에게

핀란드의 어느 고등학교 교실, 학생들은 시험을 보고 있었습니다. 시험을 다 마친 학생은 답안지를 선생님께 제출하고 교실 밖으로 나가면 됩니다. 어느 학생이 시험 문제를 다 풀었나 봅니다. 하지만 잘 모르는 문제가 있었던지 연방 고개를 갸우뚱거립니다. 한참을 망설이다가 답안지를 선생님께 내고 교실 밖으로 나가려던 찰나! 선생님이 그 학생을 불러 세우면서 하는 말.

"학생, 3번 문제를 틀린 것 같은데 다시 한 번 풀어보는 게 어떻겠니?"

학생은 답안지를 받아 들고 자리로 돌아가 다시 문제를 풀기 시작합니다. 교실은 여전히 조용했고, 다른 학생들은 그 아이와 선생님 사이의 일에 전혀 신경 쓰지 않고 있었습니다.

선생님은 1등을 만드는 사람이 아니라
남들과 비교할 수 없는 존재가 되도록
도와주는 사람이다.

주말 밤, 거실에 누워 텔레비전을 보다가 우연히 보게 된 장면. 저는 퍼뜩 정신이 든 것처럼 벌떡 일어나 자세를 고쳐 앉았습니다. 만약 이런 일이 우리나라 고등학교 교실에서 벌어졌다면 어떤 일이 발생했을까요? 아마 바로 경찰서에 신고가 들어갔을지도 모릅니다. 선생님이 특정 학생의 성적을 높이려고 불공정한 행위를 했다는 말과 함께요. 그런데 신기하게도 핀란드 학생들은 아무도 항의하지 않았습니다. 오히려 관심조차 없는 듯했습니다. 왜일까요? 핀란드 학생에게 성적이란, 내가 다른 사람보다 얼마나 더 잘하느냐를 나타내는 척도가 아니라 내가 지난 시험보다 얼마나 더 발전했느냐를 나타내는 척도라고 합니다. 그래서 다른 학생의 점수가 높아지는 것이 나와는 아무런 관계가 없는 거죠.

우리는 늘 비교하면서 살아갑니다. 중·고등학교에서는 성적을 비교하고, 대학에서는 간판을 비교하고, 사회에서는 연봉을 비교합니다. 결혼하면 '신랑과 신부'를 비교하고, 혼수는 얼마를 했느니 집은 어디에 구했으니 하면서 또 비교하기 시작합니다. 그러다 부모가 되면 어릴 적 비교당하던 설움은 금세 잊어버리고 아이의 성적을 친구 아이의 성적과 비교하겠죠. 비교하는 항목이 너무 많아서 일일이 나열하기 힘들 정도입니다. 비교 공화국에 살고 있다는 말도 과언은 아닐 테지요.

그리고 비교를 통해서 행복이 결정되죠. 행복을 스스로의 척도로 결정하는 것이 아니라, 나의 행복을 다른 사람이 결정하는 건지도 모릅니다. 나보다 못한 사람은 나를 행복하게 해주는 사람이고, 나보다 잘난 사람은 나를 불행하게 만드는 사람입니다. 비교라는 치열한 먹이사슬 맨 꼭대기에는 '엄친아(엄마 친구 아들)'가 있습니다. 이렇게 자꾸 비교하면서 행복을 찾다 보면 엄친아 빼고는 모두 불행할 수밖에 없습니다.

　주스가 담긴 컵이 있다고 합시다. 이 컵에 담긴 주스를 친구들과 나눠 마셔야 합니다. 어떤 친구가 먼저 한 모금을 마시면, 다른 사람이 마실 몫이 줄어듭니다. 즉, 총량이 정해진 상황에서 누군가 그 일부를 취하면 남은 사람들의 몫은 점점 줄어들 수밖에 없는 거죠. 그렇다면 행복은 어떨까요? 우리는 사촌이 땅을 사면 배가 아프다고 합니다. 친구가 잘되면 시기하고 질투하게 되죠.

　이런 현상을 설명하는 흥미로운 이야기를 들었습니다. 사람은 심리적으로 행복의 총량이 정해져 있다고 가정합니다. 마치 컵 안에 담긴 주스처럼요. 그래서 누군가 행복해지면 총량이 정해진 행복이 줄어들고, 따라서 마치 나의 몫이 작아진 것처럼 느끼죠. 줄어든 행복만큼 불행도 증가한다고 믿는다는 겁니다. 그래서 시기하고 질투합니다. 비교하다가 불행해지는 것도 이 때문이겠죠. 여러분은 정말 행복의 총량이 정해져 있다고 생각하시나요?

　진정한 비교는 남이 아니라 바로 자기 자신과 해야 합니다. 어제의 나와 오늘의 나를 비교하는 거죠. 어제의 나보다 오늘의 내가 더 나아지게 하려고 노력하다 보면, 어느새 여러분은 그 누구와도 비교할 수 없는 가치를 지닌 사람이 되어 있을 겁니다.

그래서 우리는 늘 노력할 수 있는 겁니다. 남과 비교하면 반드시 1등과 수많은 패배자가 나오게 되지만, 자신과의 싸움은 그렇지 않으니까요. 모두가 승리자가 될 수 있는 방법, 모두가 1등이 될 수 있는 방법이기도 합니다.

아마 남과 비교하면서 자신의 행복을 찾는 사람이 많을 겁니다. 그래서 남보다 조금만 더 내세울 것이 있으면 저잣거리로 나가서 비교 대상을 찾겠죠. 저잣거리에 자기보다 못한 사람이 많을수록 그 사람이 느끼는 행복의 농도는 더욱 짙어질 겁니다. 혹시 자기보다 나은 사람이 있으면, 자신의 행복을 지키기 위해 그 사람을 흠잡으려고 할 겁니다. 다음 글이 의미 있는 메시지를 전해주리라 믿습니다.

"
목계(木鷄). 《장자》 〈달생편〉에 나오는 '나무로 깎아 만든 닭'입니다. 투계를 좋아하는 왕. 그를 위해 최고의 조련사인 기성자가 싸움닭을 키웠습니다. 왕은 빨리 싸움을 시켜보고 싶어 조바심을 냈지만, 기성자는 닭이 '경지'에 오를 때까지 서두르지 않았습니다. 싸움을 가르쳤더니 처음에는 허세만 부리고 교만해 자기 힘만 믿는 모습이었습니다. 더 가르쳤더니 조금 나아졌지만, 아직 다른 닭을 보면 당장 덤벼들려 했습니다.

더 가르쳤더니 덤벼들려 하지는 않았지만, 여전히 다른 닭을 보면 성난 듯 노려보았습니다. 더 가르쳤더니, 마침내 제대로 된 싸움닭이 됐습니다. 다른 닭이 소리를 질러대도 아무런 내색을 하지 않았습니다. 마치

'나무로 만든 닭'처럼 보였습니다. 싸움닭으로서의 '덕'이 갖추어진 것입니다.

이병철 삼성 전 회장은 자신의 집 거실에 목계를 걸어놓고 자신의 마음을 경계했다고 합니다. 저잣거리의 싸움닭을 만나도 하나하나에 응수하지 않는 '초연한 닭'을 보며 스스로를 다스린 것이었을 겁니다. 처음 싸움을 배워 의기양양한 소인배는 다른 사람을 보면 무조건 시비를 겁니다. 그 다음에는 싸움을 잘한다는 사람을 찾아다니며 싸움을 겁니다. 무협지에서 각 문파를 찾아다니며 실력을 자랑하는 사람처럼 말입니다. 하지만 무술이 경지에 이른 고수는 다릅니다. 다른 이가 싸움을 걸어와도 움직이지 않습니다. 평소에는 장중한 모습을 유지합니다. 진정 싸워야 할 때가 오면 '실력'을 보여줍니다.

경지에 이른 이는 자신의 힘, 권세, 재물을 자랑하고 뽐내며 허세를 부리지 않습니다. 아무리 약한 적이라 해도 경시하지 않습니다. 아무리 상대가 으르렁거려도 목계처럼 초연한 마음, 평상심을 유지하다가, 꼭 필요할 때 실력을 보여줍니다. 살아가면서 허장성세를 보이려 할 필요도 없고, 시련이나 비난에 동요하거나 흔들릴 필요도 없을 것 같습니다. 초연하게 자신의 길, 정도를 걸어가면 됩니다. 타인과의 싸움이 아니라 '자신과의 싸움'에서 이기는 것이 중요합니다. 목계처럼 말입니다.

예병일의 경제노트 (www. econote.co.kr)

《죽은 열정에게 보내는 젊은 Googler의 편지》라는 책이 나왔을 때, 저는 저와 비교하려고 드는 분들을 만나게 되었습니다. 그다지

잘나지도 않은 어린 녀석이 책을 썼다는 것이 별로 마음에 들지 않았나 봅니다. 어떤 분은 책을 읽지도 않고 '이런 책은 안 읽어봐도 뻔하다'라며 공격을 시작하셨죠. 그들은 제가 자신들보다 '못한' 사람이라는 것을 확인하고 싶어 했습니다. 저를 인정하는 것은 그들의 행복을 줄어들게 만들 테니까요.

처음 마주한 '차가운 화살' 때문에 저는 무척 힘든 시간을 보냈습니다. 자꾸만 인터넷을 검색하면서 혹시 또 저를 욕하는 사람은 없는지 찾아보는 제 자신도 무척 싫었습니다. 대부분의 독자님들이 보내주시는 감사의 글과 긍정적인 피드백보다는 가끔씩 발견하게 되는 '차가운 화살'만 가슴에 남았던 시간이었습니다. 스스로 저를 더 힘든 곳으로 데려가는 것과 마찬가지였죠. 그때 저는 목계와 관련된 글을 읽고 '자신과의 싸움'에서 이기지 못하고 있다는 것을 깨달았습니다(물론 제가 경지에 이른 목계라는 말은 절대로 아닙니다). 이제는 '차가운 화살'도 존중하며 감사히 받아들이고 있습니다. 그저 묵묵히 어제의 저와 비교하며 오늘도 노력하려고 합니다.

2008년 12월 4일자 《영국 의학 저널British Medical Journal》 온라인판에 재미있는 연구 결과가 실렸습니다. 크리스태키스Nicholas Christakis(미국 하버드 대학교 의료사회학 교수)와 파울러James Fowler(미국 캘리포니아 대학교 정치과학 분과 교수) 두 사람은 1983년부터 2003년까지 20년간 심장 질환 연구에 참여한 4700명의 친구·친척·이웃·직장 동료 등 약 5만 개의 사회적 연결망 안에서 행복이 퍼져나가는 현상을 연구했습니다. 그 결과 한 사람이 행복하면 3단계 떨어진 사람에게까지 영향을 미친다고 했습니다. 어느 한 삶이 행복하면 그 사람의 친구와 그 친구의 친구, 그리고 그 친구의 친구의 친구도 행복하게 된다는 거죠. 어쩌면 인간은 행복의 총량이 정해져 있다고 가정한다는 말이 근본적으로 잘못된 것을 증명하는 결과일지도 모르겠네요.

어떤 사람은, 가장 쉽게 성공하는 방법은 주위 사람을 성공하게 만드는 것이라고 합니다. 비교는 어제의 나와 비교하는 것으로 충분합니다. 남과 비교하지 말고, 다른 사람의 행복을 시기하지 말고, 그 열정으로 그들이 더 행복해질 수 있도록 응원합시다. 결국 우리도 함께 행복해질 테니까요.

Think outside box
- 당신의 비교 대상은 남이 아니라 어제의 당신이다.
- 주변 사람을 성공하게 도와라. 그게 바로 당신이 가장 쉽게 성공하는 방법이다.
- 행복의 총량은 정해져 있지 않다.

당신의 행복은
컵에 담긴 주스만큼인가요?

만약에 내가 사랑이 무엇인지 안다면
그건 바로 당신 때문이다.

__헤르만 헤세 (Hermann Hesse : 독일의 소설가)

N° 23

그녀의 그림을 뒤집어 놓은 이유

강연을 하고 나면 자주 받는 질문이 있습니다.

"태원 씨는 움직이지 않는 열정은 단지 뜨거운 열 덩어리에 불과하다고 했습니다. 저의 열정은 어떻게 하면 움직일 수 있을까요?"

이 질문에 대답하기 위해 저는 꽤 먼 길을 돌아갈 예정입니다. 유치할 수도 있지만 여러분도 한 번쯤 겪어봤을지 모를 이야기입니다. 여러분은 언제 가장 열정적이었나요? 갑자기 이런 질문을 받으면 잘 생각나지 않을 겁니다. 하지만 여러분이 누군가 사랑하고 있었을 때는 분명히 여러분의 열정도 그 사람을 위한 마음처럼 움직이고 있었을 겁니다. 사랑을 말하기에는 너무도 부끄러운 나이였던 고등학교 때의 저도 마찬가지였습니다.

저는 사랑에는 두 가지가 있다고 생각합니다. 너무 사랑하기 때문

아련했던 그 시절의 추억

에 아무것도 할 수 없는 사랑과 너무 사랑하기 때문에 무엇이든 할 수 있는 사랑입니다. 여러분이 사랑했던 누군가가 그랬듯이, 거꾸로 놓인 초상화 속 주인공은 제가 무엇이든지 할 수 있도록 열정을 움직이게 도와준 사람이었습니다.

재수 생활을 시작했을 때 저는 한없는 슬픔에 빠져 있었습니다. 친구들보다 1년을 뒤졌다는 사실이 저를 조바심 나게 했고, 부모님께 죄송한 마음에 늘 죄인처럼 고개를 푹 숙이고 다녔습니다. 삶에 대한 제 열정은 조금씩 죽어가고 있었지만 거꾸로 놓인 저 초상화 덕분에 힘든 시기를 잘 견딜 수 있었습니다. 저 초상화가 탄생하기까지 저는 참 열심히 열정을 움직였습니다.

문자로 사랑하고 이메일로 이별하는 디지털 시대에, 말하지 못해 망설이는 짝사랑은 왠지 어울리지 않는 것 같습니다. 하지만 적어도 고등학교 때 저는 애태우고 망설이는 짝사랑을 하고 있었습니다. 제가 그녀를 처음 본 것은 고등학교 2학년 때였습니다. 저는 토론 동아리 회장을 맡고 있었고, 그 여학생은 토론 동아리에 들어오려고 면접을 보던 고1 후배였습니다.

"다음 면접자 들어오세요."

문이 열리면서 머리를 뒤로 곱게 묶은 한 여학생이 들어왔습니다. 저는 그 여학생을 쳐다볼 수 없었습니다. 저도 모르게 계속 웃음이 나와서 얼굴을 책상에 묻어버리고 말았죠. 그냥 부끄러웠습니다. 지금 생각하면 참 순진했던 것 같습니다. 제가 참 오랫동안 짝사랑했던 여학생과의 첫 만남이었습니다.

거꾸로 놓인 초상화의 주인공은 바로 제 고등학교 생활을 애타고 설레는 마음으로 가득 채웠던, 그리고 결국 꿈처럼 잠시 사귀었던 여학생입니다. 재수 생활을 시작할 무렵 저는 불과 몇 달뿐이었던 행복한 꿈에서 깨어났습니다. 그 여학생과 헤어지게 된 거죠. 그날은 제 생일이었습니다. 생일 선물을 주면서 축하해주던 그녀가 집에 가기 전에 제게 이별을 이야기했습니다. 한때 유행하던 노랫말처럼 '햇빛 눈이 부신 날에 이별하는 것'보다 더 슬픈 하루였습니다. 그리고 노랫말처럼 저는 비를 맞으며 거리를 걸었습니다.

이별을 통보받은 날로부터 약 한 달 후는 바로 그녀의 19번째 생일이었습니다. 헤어지기 전부터 줄곧 저는 그녀의 생일에 목걸이를 선물해야겠다는 계획을 세우고 있었습니다. 잘 기억나지는 않지만 사랑하는 여자에게 목걸이를 걸어주는 어느 남자 배우의 모습이 참 멋있어 보였기 때문이었던 것 같습니다. 비록 헤어졌지만 저는 그녀의 생일을 축하해주고 싶었습니다.

하지만 그녀의 생일날 목걸이를 걸어주고 싶다는 꿈은 포기해야 했습니다. 이제 제 옆에는 더 이상 그녀가 없었으니까요. 재수생이 독서실에 혼자 앉아서 고민한 것은 수능 문제가 아니라 '어떻게 하면 그녀의 목에 목걸이를 걸어줄 수 있을까'였습니다. 제 인생에서 한 가지 문제에 대해 그렇게 몰입했던 적은 없었던 것 같네요. 그리고 마침내 답을 얻었습니다. 바로 그녀의 초상화를 그린 후에 양쪽 목 주위에 작은 구멍을 뚫어 목걸이를 걸어 선물하는 겁니다. 비록 제가 직접 걸어주는 목걸이는 아니지만 그녀의 초상화에 제가 선물하고 싶은 목걸이가 걸려 있다면 꽤 낭만적일 것 같다는 자기 합리화도 하면서 미소를 지었습니다.

저는 그녀의 사진 한 장과 생일 선물을 위해 준비한 몇만 원을 들고 무작정 대학로로 갔습니다. 한쪽에 줄지어 앉은 화가들이 앞에 앉아 있는 사람들 얼굴을 도화지에 그리고 있었습니다. 조심스레 도화지에 그려진 그림과 화가 앞에 동상처럼 앉아 있는 손님 얼굴을 비교해보았습니다. 어쩜 이리도 똑같을 수 있을까요? 지갑 속에서 웃고 있는 그녀도 곧 진짜 그녀와 같은 모습으로 도화지 속에서 웃게 될 거라는 생각이 들어 자꾸만 미소가 지어졌습니다. 저는 지갑에 넣어둔 그녀 사진을 꺼내어 화가에게 내밀었습니다. 고백하는 것도 아닌데 왜 이리도 부끄러운지 처음에는 말도 더듬었습니다.

"혹시 이 여자 얼굴, 초상화로 그려줄 수 있나요?"

"이렇게 작은 사진을 보고 초상화를 그리는 건 정말 힘들어요. 그러면 제가 돈을 더 받아야 하는데……."

그 화가가 제시한 금액은 제 지갑에 들어 있는 돈 전부와 비슷했습니다. 저는 목걸이도 사야 하고, 그녀의 초상화를 넣을 액자도 맞춰야 하는데 정말 낭패였습니다. 재수생이라 돈이 없는데 깎아줄 수 없느냐고 사정해봤지만, 제 뒤에서 차례를 기다리는 손님의 행렬을 보고는 말끝이 기어들어 갔습니다. 아쉽게 발걸음을 돌려 다른 화가에게 물어봤지만 대답은 마찬가지였습니다. 울상이 된 저는 벤치에 앉아 대책을 고민했습니다. 돈 없는 재수생의 비애, 낯선 곳에서 만나는 시장경제의 차가운 온도였습니다.

　그렇게 한참 멍하니 있는데, 저 멀리서 어린아이를 그려주고 있는 젊은 화가가 보였습니다. 겉으로 봐서는 대학생 정도밖에 안 되어 보였죠. 그 화가 주위를 돌며 그림을 감상했습니다. 나이는 어리지만 참 잘 그린다는 생각을 했습니다. 그림을 다 그린 후 어린 여자아이와 인사를 나눈 젊은 화가에게 조심스럽게 다가갔습니다. 예전 같으면 '쪽팔려서' 그냥 돌아섰을 제가 용기 내어 말을 꺼냈습니다.

　"저기요, 드릴 말씀이 있는데요. 젊으셔서 제 마음을 조금은 이해해주실 거라 믿어요."

　구구절절 사연을 말했습니다. 결국은 싸게 그려달라는 말을 빙빙 돌려서 한 거죠. 칼로 연필을 다듬고 있던 젊은 화가는 흔쾌히 제 부탁을 들어주었습니다. 그리고 왼손에 그녀의 사진을 들고 열심히 그림을 그리기 시작했습니다. 혹시 방해가 될까 봐 저는 멀찌감치 떨어져 앉아 거리 공연을 감상하고 있었습니다. 툭툭 스케치북을 터는 소리에 고개를 돌렸습니다. 다 그렸다는 것을 암시하는 젊은 화가의 짧은 끄덕임. 저는 긴장되는 마음으로 화가에게 다가갔습니다. 손가락 마디만큼 작은 사진이 도화지에 꽉 찬 크기의 초상화가 되었습니다. 참 잘 그렸지만 왠지 진짜 그녀와는 느낌이 조금 달랐습니다. 하지만 저는 싸게 그려달라고 졸라놓고 불만을 말할 만큼 용기 있는 사람은 아니었습니다.

　그래도 행복했습니다. 그림을 가슴에 안고 근처 화실로 향했습니다. 이 그림에 어울리는 액자를 맞추고 싶었죠. 어머니처럼 인자한 얼굴을 가진 주인이라 마음이 편했는지 저는 그림을 보여주면서 이 그림에 맞는 액자를 추천해달라고 했습니다. 들떠 있는 제 모습이 귀여웠는지 액자도 싸게 맞출 수 있었습니다. 액자에 담긴 그녀의 초상화를 몇 번이고 다시 봤습니다. 그러다가 대학로를 오가는 사람들과 여러 번 부딪혔죠.

다음은 초상화에 걸 목걸이를 살 차례입니다. 단 한 번도 여자 액세서리를 사보지 않았기 때문에 저는 여자들만 가득한 액세서리 가게에 들어갈 용기가 나지 않았습니다. 문 앞에서 한참을 망설였죠. 가게 안을 유심히 살펴보았습니다. 아마도 한가운데 서 있는 사람이 주인인 것 같아 눈을 질끈 감고 그 여자 분을 향해 곧장 걸어갔습니다. 여느 때라면 상상도 할 수 없었던 일을 벌인 거죠. 그리고 고개도 들지 못한 채 말했습니다.

"여자에게 목걸이를 선물하고 싶은데 어떤 게 좋아요?"

"그분 나이가 어떻게 되죠?"

"고 3 올라가는데요."

"이미지는요?"

"음, 이미지는……, 이미지는……."

도대체 어떻게 설명해야 할지 몰라서 가슴에 안고 있던 그녀의 초상화를 보여주었습니다.

"이 초상화에 나온 여자에게 선물할 거예요. 초상화 양쪽 목 주변에 작은 구멍을 뚫은 다음 거기에 목걸이를 걸어서 선물할 거거든요."

"우아, 정말 감동적인 선물이 되겠는데요. 손님들, 이 남학생이 그림 속 여자에게 목걸이를 선물한다고 하는데 어떤 게 어울릴 것 같아요?"

금세 가게 안에 있던 모든 여자 손님이 제 주변에 몰려들었습니다. 그러고는 자기네끼리 상의한 후 청순한 이미지인 그녀에게 어울리는 백금 목걸이를 골라주었습니다.

집에 와서 저는 초상화를 조심스럽게 액자와 분리시켰습니다. 그녀의 초상화에 목걸이를 걸어야 하니까요. 목걸이가 걸려 있는 그녀의 초상화. 비록 제가 직접 걸어주지는 못했지만 마치 목걸이를 하고 있는 그녀를 직접 보는 것처럼 행복했습니다. 목걸이가 걸린 초상화를 세워놓고 한참을 바라보았습니다. 행복했습니다. 그런데 아무리 보아도 제가 아는 그녀와는 조금 다르다는 느낌을 지울 수가 없었죠. 그렇게 한참을 바라보다가 저는 잠들어버렸습니다.

다음 날 아침, 그림을 똑바로 세워놓고 보다가 잠들었는데 밤사이 몸부림을 치다가 넘어뜨렸는지 그림은 상하가 반대로 된 채 바닥에 뉘어 있었습니다. 다시 그림을 똑바로 세우려고 집어 드는 순간, 반대로 뒤집힌 그림이 진짜 그녀와 너무나 닮았다는 생각이 들었습니다. 바로 세웠을 때는 느껴지지 않던 그녀의 느낌까지 되살아난 듯했죠. 그날 아침 이후 그녀의 생일날이 될 때까지 줄곧 저는 그녀의 그림을 거꾸로 놓고 보았습니다.

생일 선물을 전해주기 위해 그녀를 만나러 가던 날 아침, 저는 문방구로 향했습니다. 그녀의 그림을 복사하러 간 거였죠. 제 기억으로는 열 장쯤 복사했고, 모두 코팅까지 했습니다. 보기만 해도 행복했던 그림을 그녀에게 선물로 주고 나면 저는 더 이상 그 그림을 볼 수 없기 때문이었죠.

재수를 하면서 저는 책상에 그녀의 그림을 늘 세워놓고 공부했습니다. 물론 그림은 거꾸로 세워두었습니다. 거꾸로 놓인 그녀 얼굴만 보면 재수생의 죽어가던 열정이 마구 움직이는 걸 느낄 수 있었으니까요. 1년 동안 독서실에서 혼자 재수 생활을 했던 저는 가끔 독서실 주인과 싸움 아닌 싸움을 했습니다. 밤에 집에 가서 잠을 자고 이튿날 독서실에 오면 뒤집어놓은 그녀의 그림이 똑바로 세워져 있는 겁니다. 독서실 주인이 실내를 청소하다가 그림이 잘못 세워진 줄 알고 똑바로 고쳐주신 거였죠. 물론 저는 그 그림을 보자마자 다시 상하를 거꾸로 세워놓습니다. 그래야 제가 기억하고 있는 그녀 모습과 가장 가까우니까요.

순진했던 어린 시절 애태우던 짝사랑의 기억이었지만, 이렇게 글을 쓰면서 어쩌면 그때 일이 제게 새로운 기회를 준 건 아닌가 하는 생각을 해봅니다. 쉽게 열정이 지쳐버릴 수 있는 재수 생활 동안 열정을 움직일 수 있도록 도와주었고, 남들이 당연히 그림은 똑바로 세워서 봐야 한다고 할 때 거꾸로 세워놓고 보면 더 많은 걸 느낄 수도 있음을 경험하게 해줬으니까요.

늘 막연한 목표만을 세우고 지내던 제게 목표가 구체적이면 더 열심히 열정을 움직일 수 있다는 것도 가르쳐주었습니다. 그녀의 초상화에 목걸이를 걸어 생일 선물로 주겠다는 구체적인 목표는 한 번도 가보지 못한 대학로로 저를 이끌었고, 처음 보는 화가에게 싸게 해달라며 아쉬운 소리를 당당하게 할 수 있도록 해주었으며, 이전 같으면 부끄러워서 들어가지도 못했을 액세서리 가게에서 목걸이를 살 수 있는 용기를 주었습니다. 그때 이후로 제게는 새로운 버릇이 생겼습니다. 그림을 볼 때도 사진을 볼 때도 왼쪽과 오른쪽, 위아래를 바꿔서 보는 버릇이죠. 그럴 때마다 하나의 그림이 다른 느낌으로 다가왔고, 제 가슴속에 쌓이는 문화적 자산도 조금씩 커져가는 기분이었습니다.

여러분이 무언가를 사랑하고 있다면, 그것은 여러분의 열정이 움직이고 있다는 증거입니다. 사랑은 열정이 움직이지 않고는 결코 시작되거나 지속될 수 없기 때문입니다. 결국 사랑도 열정이라는 이름의 또 다른 모습이었습니다. 이제 어떻게 하면 열정을 움직일 수 있느냐는 질문에 답할 차례가 되었네요. 열정을 움직이는 방법은 바로 사랑하는 겁니다. 근본적으로는 여러분의 삶을, 여러분이라는 존재 자체를 사랑하는 겁니다. 그것은 모든 열정이 움직일 수 있는 에너지의 근원 같은 겁니다.

물론 사랑의 대상은 사람이 될 수도 있고, 어떤 분야나 취미 혹은 사물, 간절한 목표, 여러분의 미래 모습이 될 수도 있습니다. 사랑의 대상이 없이 움직이는 열정은 곧 방황하는 열정이 될 수도 있습니다. 사랑에 대한 열정도 좋고 열정에 대한 사랑도 좋습니다. 하나를 시작하면 또 하나가 자연스럽게 시작될 테니까요.

한때는 그저 어리고 귀여웠던 후배, 그리고 한때는 저의 고등학교 시절을 애태움으로 가득 채웠던 여학생, 그리고 비록 이별을 선물했지만 동시에 남들과 다른 관점으로 세상을 바라볼 수 있는 기회를 주었고 제 열정을 움직이는 방법을 가르쳐준 바로 그 사람이 얼마 전에 결혼했다고 하네요. 생각해보니 그녀를 처음 본 지 10년이 훌쩍 넘었습니다. 그녀가 예쁘게 사랑하며 행복하게 살기를 빕니다. 저도 열심히 사랑하겠습니다. 제 열정이 움직일 수 있도록.

Think outside box
- 사랑은 열정을 움직이는 근본적인 에너지다.
- 이별은 상처가 아니라 기회를 남긴다.
- 움직이는 열정에 사랑이 함께하지 않으면 방황하는 열정이 된다.

당신의 열정,
움직일 수 있습니다.

움직이는 열정을 만나셨나요? 세상을 바라보는 새로운 관점을 얻으셨나요? 여기까지 오는 길이 어떠셨는지 정말 궁금합니다. 아직도 여러분의 청춘이 두근거리지 않는다면 그건 제가 부족한 탓입니다.

벌써 2년 전이군요. 제 이름으로 된 첫 책을 낸 후 독자님께 첫 이메일을 받았을 때 저는 그 이메일을 서서 읽었습니다. 제 책이 그분의 인생을 변화시키는데 도움이 되었다는 사실이 믿어지지 않았고, 정말 감사했기 때문입니다. 솔직히 영화같기만 했습니다.

그 후 많은 독자님들이, 강연에 참여하신 분들이 메일을 보내주기 시작하셨습니다. 그때마다 저는 마치 감동적인 영화 속 필름을 하나씩 채워가는 기분이었습니다. 대학교 때 참여한 많은 특강 중에 가장 부러운 연사는 기업의 사장님도 교수님도 연예인도 아닌 저보다 몇 년 먼저 졸업한 학교 선배였습니다.

제가 다닌 대학에는 '선배와의 대화' 라는 강좌가 있습니다. 졸업한지 얼마 되지 않은 선배가 학교를 찾아와 후배들에게 여러가지 경험담이나 조언을 해주는 자리였습니다. 사회에서 자신의 자리를 멋지게 찾아낸 자랑스러운 선배님을 보면서 저는 속으로 기도했습니다. '나도 언젠가 저 앞에 서 있는 선배처럼 훌륭한 사람이 되어 꼭 후배들을 위해 이런 자리에 서봐야지.' 간절한 다짐이었지만, 현실이 될거라고는 상상조차 못했습니다. 그런데 졸업한 지 불과 1년이 지나지 않아 제가 바로 그렇게 동경하던 그 무대에 서게 되었습니다. 영화같아서 눈물이 흘렀죠. 그렇게 제가 졸업한 학교뿐 아니라 다른 대학, 기업, 중고등학교에서 참 많은 청춘을 만났습니다.

　그들과 함께한 시간은, 순간순간은 늘 영화같았죠.

　제가 누군가의 삶에 긍정적인 자극이 될 수 있었다는 사실이 솔직히 아직도 믿어지지 않았습니다. 그래서 힘들어하는 청춘을 위해 다시 글을 쓴다는 것은 쉽지 않은 결정이었습니다. 제 자신에게 끊임없이 질문했고, 제 역량을 의심했습니다. 하지만 '그럼에도 불구하고' 저의 작은 힘이라도 필요한 청춘들을 위해 그들의 열정을 움직이려고 마음 먹었습니다.

　제가 스스로 한 선택인 만큼 책임지고 싶었고, 그래서 최선을 다했습니다. 책을 마무리하는 글을 쓰고 있는 지금 이 순간도 마치 영화 같습니다. 처음에는 목표지점이 없는 길을 떠난 나그네처럼 불안하고 막막했는데, 이렇게 마지막 페이지의 글을 쓰고 있다는 것이 믿어지지 않기 때문입니다. 하지만 역시 아쉬움이 남네요. 이번에는 그렇지 않을 줄 알았는데, 첫 책을 냈을 때처럼 '좀 더, 좀 더' 하면서 제 자신을 채찍질하지 못한 것 같아 후회가 됩니다. 하지만 안하고 후회하는 것보다는 나을 거라고 제 자신을 위로해봅니다.

　영화 필름이 영화가 되려면 무엇이 필요할까요? 네, 첫 번째는 각 필름마다 저마다 다른 화면이 담겨야 합니다. 모두 똑같은 장면이

담겨 있는 필름은 아무리 열심히 돌아간다고 해도 더는 영화가 아니라 사진일 뿐입니다. 두 번째 조건은 필름이 움직이는 것입니다. 각 필름마다 다른 화면이 담겨있다 하더라도 그 필름이 움직이지 않으면 그것 또한 영화가 될 수 없습니다.

저는 여러분의 청춘도 '영화같은 청춘' 이 될 수 있다고 믿습니다. 그러려면 두 가지가 필요합니다. 첫 번째는 새로운 관점으로 세상을 바라보면서 청춘이라는 필름에 다양한 장면을 담는 겁니다. 다양한 경험, 새로운 도전, 생각의 전환으로 청춘이라는 필름을 풍성하게 하세요.

두 번째는 열정을 끊임없이 움직여서 그 청춘이라는 필름을 계속 돌아가게 하는 겁니다. 그러면 여러분의 청춘이 감동적인 영화가 될 수 있습니다.

이 책이 여러분의 '청춘'이라는 영화에 움직이는 열정을 전달해주는, 새로운 관점을 전해주는 작은 조연이 될 수 있다면 이 책을 쓰기 위해서 고민한 지난 시간들이 다시 저에게 영화처럼 느껴질 것 같습니다. 저는 여러분의 '청춘'이 만들어가는 감동적인 영화를 늘 애정어린 시선으로 바라보는 관객으로 남아있겠습니다.

청춘, 힘내십시요. 여러분은 그 자체로 희망입니다.

힘겨워하는 모든 청춘들과 사랑하는 어머니, 하늘에 계신 아버지께 이 책을 바칩니다.

KI신서 1750

열정력

1판 1쇄 발행 2009년 4월 20일
1판 8쇄 발행 2011년 3월 30일

지은이 김태원 **펴낸이** 김영곤 **펴낸곳** (주)북이십일 21세기북스
기획 · 편집 황상욱 **본부장** 이승현
영업 · 마케팅 문병구 도건홍 김정규 박민준 이총석 **디자인** 박선향 **교정** 서영의
출판등록 2000년 5월 6일 제10-1965호
주소 (우413-756) 경기도 파주시 교하읍 문발리 파주출판단지 518-3
대표전화 031-955-2100 **팩스** 031-955-2122 **이메일** book21@book21.co.kr
홈페이지 www.book21.com

값 11,000원
ISBN 978-89-509-1809-5 03320